U0526315

中国社会科学院国情调研（基地）资助项目
中国社会科学院"哲学社会科学创新工程项目基础学者"资助计划研究成果

中国西部地区经济社会跨越式发展路径选择

李 群 王 宾 曾 诚 著

中国社会科学出版社

图书在版编目（CIP）数据

中国西部地区经济社会跨越式发展路径选择/李群、王宾、曾诚著.
—北京：中国社会科学出版社，2015.4
 ISBN 978-7-5161-6000-8

Ⅰ.①中… Ⅱ.①李…②王…③曾… Ⅲ.①西部经济—区域经济发展—研究②社会发展—研究—西北地区③社会发展—研究—西南地区 Ⅳ.①F127

中国版本图书馆 CIP 数据核字（2015）第 077421 号

出 版 人	赵剑英
责任编辑	卢小生
特约编辑	李舒亚
责任校对	周晓东
责任印制	王 超

出　版	中国社会科学出版社
社　址	北京鼓楼西大街甲 158 号
邮　编	100720
网　址	http://www.csspw.cn
发 行 部	010-84083685
门 市 部	010-84029450
经　销	新华书店及其他书店
印　装	三河市君旺印务有限公司
版　次	2015 年 4 月第 1 版
印　次	2015 年 4 月第 1 次印刷
开　本	710×1000 1/16
印　张	13
插　页	2
字　数	215 千字
定　价	49.00 元

凡购买中国社会科学出版社图书，如有质量问题请与本社营销中心联系调换
电话：010-84083683
版权所有　侵权必究

前　言

作为顶层设计的经济社会跨越式发展战略，已经成为中国西部地区发展的重要命题。如何破解这个发展命题，找准阻碍跨越式发展的根源，是当前学者和国家都十分关心的热点和关键问题。实施西部跨越式发展战略，加快西部地区发展，关系经济发展、民族团结、社会稳定，关系地区协调发展和最终实现共同富裕，是实现第三步战略目标的重大举措。时值中央提出"一带一路"战略规划，西部地区应借天时地利，抓时代机遇，找准经济社会跨越式发展中存在的问题，加紧基层创新能力，努力寻找新的发展模式，推动早日实现跨越式发展的目标。

"跨越式发展"绝不能重走 20 世纪五六十年代"大跃进"的老路，它必须要有新的内涵，同时，也要求西部地区不能再按照传统的经济社会发展模式亦步亦趋地走，如果还是这个思路，将难以追赶，也没有希望。本书以实现西部地区经济社会跨越式发展为主线，力求通过对西部地区经济社会发展的现状进行较为全面的剖析，找出西部经济社会发展的潜在能力，同时对制约西部地区发展的各种因素进行考证，最终得出实现西部地区经济社会跨越式发展而采取的合理性政策及建议，因地制宜地促进西部地区经济社会发展。

本书从个案出发，总结整个西部地区经济发展模式。课题组选取甘肃为调研基地，立足于甘肃省情，以实现甘肃省跨越式发展为突破口，在研究甘肃省模式前提下，提出更适用于西部地区经济社会发展的策略；同时注意分析国家政策对西部发展的影响、全国经济社会发展对西部的影响，以及已经实现跨越式发展的地区和国家的经验对西部发展影响。在分析甘肃省模式时，根据过去十年甘肃省在经济、社会、科技、教育及对外贸易等方面的发展情况，找出支撑甘肃省经济发展的比较优势，并通过分析影响经济发展的劣势，得出其以后经济发展应着力改造的方向，通过实地调研，对所搜集到的信息及调查问卷结果进行认真分析，再结合过去甘肃省经济社会发展各项指标，总结得出甘肃省跨越式发展模式。运用类比方法，对整个西部地区经济社会发展现状进行全面论述，以甘肃省模式为例，找出适用于西部各省市经济社会跨越式发展的道路，并通过对新兴产业发展的现状描述，提出西部战略性新兴产业发展的愿景，进而提出促进经济社会发展的政策与建议，最终实现西部地区持续跨越式发展。

　　本书的主要内容包括：西部经济社会跨越式发展调研的重要意义和必要性，西部经济社会发展的体制、机制与制度安排，西部经济社会发展状况，西部实施经济社会跨越式发展的基础，甘肃经济社会跨越式发展模式和经验，西部战略性新兴产业发展态势和西部经济社会跨越式发展的政策建议。

关键词： 西部　跨越式发展　甘肃基地　国情调研

目 录

第一章 西部经济社会跨越式发展调研的重要意义和必要性 …… 1

第一节 开展西部经济社会跨越式发展国情调研背景 …… 1
第二节 西部经济社会跨越式发展的时代内涵 …… 3
第三节 西部经济社会跨越式发展的意义 …… 18
第四节 整体发展对西部经济社会跨越式发展的重要影响 …… 20

第二章 西部经济社会发展的体制、机制与制度安排 …… 28

第一节 跨越式发展的科学内涵 …… 28
第二节 体制建设是西部经济社会发展的关键 …… 33
第三节 西部经济社会跨越式发展的机制和制度建设 …… 35
第四节 国内外跨越式发展的经验 …… 38

第三章 西部经济社会发展状况（2000—2012） …… 46

第一节 西部基本概况 …… 46
第二节 西部地区经济发展动力因素分析 …… 50
第三节 西部与中东部经济社会发展的差距比较 …… 61
第四节 西部经济社会跨越式发展中的比较优势和后发优势 …… 67
第五节 西部经济社会跨越式发展实践 …… 79

第四章 西部实施经济社会跨越式发展的基础分析 …… 81

第一节 西部经济增速超过东部 …… 81
第二节 西部经济结构进一步调整 …… 83
第三节 西部经济发展效益和质量进一步提高 …… 86
第四节 西部民生建设迈上一个新台阶 …… 88
第五节 西部社会管理创新举措 …… 93

第五章 甘肃经济社会跨越式发展现状、模式和经验 …… 97

第一节 甘肃经济社会跨越式发展目标 …… 97
第二节 甘肃经济社会跨越式发展现状 …… 100
第三节 西部经济社会跨越式发展模式和路径 …… 107
第四节 甘肃经济社会跨越式发展指标 …… 113
第五节 甘肃经济社会跨越式发展的机遇和挑战 …… 116
第六节 破解跨越式发展难题的甘肃模式 …… 120
第七节 西部经济社会跨越式发展经验的推广价值 …… 124

第六章 西部战略性新兴产业发展态势与展望 …… 127

第一节 西部战略性新兴产业规划 …… 127
第二节 西部战略性新兴产业发展现状 …… 145
第三节 西部战略性新兴产业发展前景 …… 155

第七章 关于西部经济社会跨越式发展政策与建议 …… 159

第一节 优化经济结构，发展高效特色经济 …… 159
第二节 突破基础条件约束，重视基础设施建设 …… 161
第三节 推动科技进步，加大投入力度 …… 162
第四节 大力发展教育，吸引人才参与西部建设 …… 164
第五节 坚持改善民生，加强城镇化和信息化建设 …… 165
第六节 加强民族地区安定团结，保持稳定发展环境 …… 167

第八章 研究结论及展望 …… 170

第一节 研究结论 …… 170
第二节 未来展望 …… 171

附录 …… 173

相关图片资料 …… 173
国务院办公厅关于进一步支持甘肃经济社会发展的若干意见 …… 175
西部经济社会跨越式发展调查问卷及图片 …… 189

参考文献 …… 197

第一章　西部经济社会跨越式发展调研的重要意义和必要性

第一节　开展西部经济社会跨越式发展国情调研背景

一　设立国情调研甘肃基地及意义

实行西部大开发战略，是我国推行的重大战略之举，为西部发展创造了广阔的空间和良好的机遇。自实施该战略以来，已经过了十余年历程。在这期间，西部经济社会发展有了巨大进步，但与东部发达省份相比仍然存在很大差距，距全面建成小康社会，以及实现中华民族伟大复兴中国梦的要求还远远不够。因此，西部地区要紧跟时代步伐，只有实施跨越式发展战略，才能不断取得更大进步，实现西部人的梦想。

为全面了解西部经济社会跨越式发展进程，不断创新跨越式发展的战略内涵，为决策部门提供及时有效的政策建议，中国社会科学院在甘肃兰州成立了"中国社会科学院国情调研甘肃省基地"。2009年5月11日，"中国社会科学院国情调研甘肃基地"签约、揭牌仪式在兰州举行。积极引导科研人员深入了解社会主义初级阶段的基本国情，广泛开展国情调研是中国社会科学院党组和陈奎元同志根据中央"三个定位"的要求而做出的一项非常重要的战略决策。这有助于大力弘扬理论联系实际的马克思主义优良学风，促进科技研究，培养优秀人才，进而全面提升我国的理论创新能力。

国情调研基地是开展国情调研的重要依托，给广大科研人员深入社会、深入基层进行调研提供了一个重要的实践平台。国情调研基地在收集重大现实问题信息、提出国情调研工作对策建议、引导国情调研深入开展等方面有着重要作用。利用好、发挥好国情调研基地的作用，是搞好国情调研工作的重要环节。国情调研甘肃省基地的设立，将有助于我们对我国的基本国情进行长期的跟踪和调查，对实践中的具体问题进行仔细研究，并保证中央重大决策的实施情况得到有效的反馈。它对总结甘肃省在政治、经济、社会以及文化方面的历史经验与发展成果，对促进理论联系实际的优良学风建设，培养锻炼哲学社会科学人才队伍，将起到促进作用。国情调研甘肃基地是中国社会科学院决定在全国建立的为数不多的几个基地之一，是中国社会科学院和甘肃省共同搭建的社会科学调查研究平台。在借助中国社会科学院的学术优势和甘肃省丰富的国情地情资源的基础之上，甘肃基地将重点对政治、经济、社会以及文化发展中亟待解决的重大问题进行研究，为决策部门提供科学准确的决策依据，同时也为甘肃省的经济社会发展提供智力支持。

二 国情调研甘肃省基地机构和人员组成

国情调研甘肃省基地按照"共建共管、真诚合作"的原则，由中国社会科学院与甘肃省共同领导，双方相关领导及职能部门负责人联合组成基地协调委员会，统一领导基地工作。基地协调委员会主任由中国社会科学院党组副书记、副院长李慎明和甘肃省委常委、宣传部部长励小捷担任。基地协调委员会委员包括中国社会科学院学部主席团秘书长何秉孟、科研局局长李汉林、副局长王正、办公厅主任施鹤安、国情调研办公室主任王子豪、甘肃省委副秘书长、省委办公厅主任陈田贵、甘肃省委宣传部副部长、省社科联党组书记张建昌，甘肃省委副秘书长杨元忠，甘肃省社会科学院党委书记、院长范鹏，甘肃省社会科学院副院长魏胜文等。基地协调委员会下设联络办公室，具体负责基地的日常工作，主任由范鹏和王正兼任，魏胜文、王子豪和安文华兼任副主任。

自 2006 年全面启动国情调研工作以来，经过三年的不懈努力，深入基层参与国情调研项目和考察活动的专家学者已达 17145 人次，各个项目组成的调研小组达到 759 个；考察市县 1292 个，走访工厂、农村、商店和学校 3551 个（所），深入居民家庭 17635 户，访谈 28214 人次，发放调查问卷 104236 份。2009 年，中国社会科学院在往年确立的 308 项各类国情调研项目中，已完成最终成果 126 种，1051 万字；阶段性调研报告 187 种，571 万字；阶段性考察报告 141 种，173 万字；音像数据资料 1188 种，19122 卷（张）。调研成果的内容，涉及政治、经济、社会、文化等各个方面，许多成果得到中央领导及中央有关部门的批示，成为中央及有关部门决策的重要依据。①

在此背景下，中国社会科学院批准了国情调研基地项目《西部经济社会跨越式发展调研（甘肃基地）》，这是"中国社会科学院国情调研甘肃省基地"挂牌以来承担的第一个院级甘肃基地课题，该课题的研究对推进西部经济社会跨越式发展具有重大现实意义。

三 调研思路及方法研究

本书以实现西部地区经济社会跨越式发展为主线，首先对西部地区经济社会发展现状进行全面分析，探索西部经济社会发展的潜在能力；其次对制约西部地区发展的各种因素进行研究；最后得出为实现西部地区经济社会跨越式发展所应该采取的政策建议。

课题组从个案出发，选取甘肃为调研基地，立足于甘肃省情，以实现甘肃省跨越式发展为突破口，在研究甘肃省模式的基础之上，总结出整个西部地区经济社会跨越式发展的模式。在分析甘肃省模式时，本课题立足于过去十年间甘肃省在经济、社会、科技、教育及对外贸易等方面的发展现状，找到促使甘肃省经济发展的比较优势，并通过对影响经济发展的劣势进行分析，得出其以后经济发展应着力改造的方向，通过实地调研，运用发放调查问卷的形式，对所搜集到的信息及调查问卷结果进行认真分析，再结合过去甘肃省经济社会发展的各项指标，总结得出了甘肃省经济社会跨越式发展的模式。

运用类比方法，对整个西部地区经济社会发展现状进行全面论述，以甘肃省模式为例，找出适用于西部各省市经济社会跨越式发展的道路。本课题还对甘肃战略性新兴产业的发展现状进行了研究，据此提出西部战略性新兴产业发展愿景，以及促进经济社会发展的政策与建议。

第二节 西部经济社会跨越式发展的时代内涵

改革开放以来，我国经济社会发生了翻天覆地的变化。与此同时，我国正面临着东强西弱的经济格局：作为欠发达地区，西部地区与东中部地

---

① 《光明日报》2009年5月14日第9版。

区之间的差距正在逐步拉大。不管是在技术领域还是在管理领域，东部地区都比西部地区具有更为先进的发展经验。在这样的发展态势下，西部地区面临着实施追赶战略、缩小发展差距的必要性和紧迫性。

近年来，随着世界经济的发展和现代化进程的不断推进，经济全球化使国家之间的竞争变得越来越激烈，对于经济相对落后的国家和地区而言，如果不能抓住机遇加速发展，则将会在与发达国家和地区的竞争之中处于不利的地位。一方面我国仍然属于不发达国家，另一方面由于历史、自然地理、社会文化等多方面的原因，西部地区一直都是我国的不发达地区，因此其面临的形势更加严峻。缩小与发达国家和地区之间业已存在的差距，实现西部地区经济社会跨越式发展，已经成为中国西部地区发展的重要课题。实施西部跨越式发展战略，不仅仅意味着西部经济的快速发展，更关系着整个社会的稳定、民族的团结以及地区之间的协调发展。

一 西部经济社会跨越式发展问卷分析报告

国家实施西部大开发战略以来，西部地区经济社会得到了平稳较快的发展：西部地区国内生产总值逐年增加，2010 年，达到 81408.49 亿元，其中，"十一五"规划期间年均增速 19.38%，增长速度高于中东部地区；产业结构不断优化，人民生活水平得到提高。现阶段，西部地区如何把握"十二五"规划关键期，借助国家优惠政策及地区优势，实现跨越式发展已成为共识。为此，只有不断了解西部经济发展现状，才能制定更符合西部地区发展的决策，因地制宜地实现西部地区经济社会跨越式发展目标。

鉴于此，课题组深入西部基层，进行实地调研考察，开展了有关"西部经济社会跨越式发展"的问卷调查活动，经过数据整理与分析，本次调研结果如下：

（一）调查对象

调查问卷设计共分为全国卷与甘肃卷两部分，调查对象涉及多国别、多民族、多行业。调查以甘肃地区为主，涉及加拿大、尼泊尔、巴基斯坦、乌兹别克斯坦、哈萨克斯坦等多个国家及地区，包括汉族、回族、藏族及维吾尔族等多民族，涵盖农业、工业、银行业、服务业、餐饮业、交通运输业等多领域，参与问卷调研人员覆盖工人、农民、商人、事业单位人员、教师、在校中学生、大学生、研究生、留学生、退休人员、服务人员、出租车司机、公安干警、执勤交警、列车乘务人员等人群，覆盖面广，涉及人群较全面，所得调查结果客观，为最终调研问卷的收集与整理提供了宝贵的原始数据。

（二）调查方式

调查采取随机问卷形式，以街头采访为主，深入基层，搜集了大量图像及影音资料，经过汇总最终整理得出课题调研结果。

（三）问卷内容

问卷内容以"甘肃经济社会跨越式发展"为主线，涵盖有关实现跨越式发展的各个方面，在两份问卷的设计思路上各有侧重，其中，全国卷以对西部地区基本情况了解为主，而甘肃卷则更侧重与跨越式发展的相关话题，既有对"跨越式发展"概念的认识，也涉及实现跨越式发展相关的政策文件，以及是否能够实现跨越式发展的观点与建议。问卷分为主观题与客观题两种类型，为更好实现调研目的提供了有效素材。

（四）调查结果与分析

在本次问卷调查中，男性占调查总比重的54%，女性占46%，该比重的分配能够区分不同性别对西部地区跨越式发展问题的不同看法。

本次调查结果真实可靠，为报告分析提出了合理化建议。

1. 西部地区能否实现跨越式发展？

在该问题的调研中，对实现"跨越式发展"的理解存在差异，80%的被调查者对"跨越式发展"的概念不清楚，仅少部分被调查者将跨越式发展理解成为实现对中东部地区的跨越，多数则认为是对西部自身的跨越式发展。

经过最终统计，在实现西部地区自身跨越问题上，有92%的被调查者认为能够实现西部自身跨越式发展，而5%认为基本可能实现，仅有3%的被调查者认为西部地区实现自身跨越仍然存在困难。

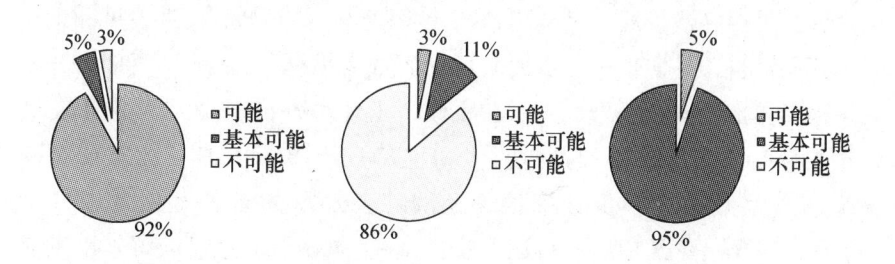

图1-1 对实现"跨越式发展"问题的理解情况

如图1-1所示，在跨越中部地区问题调查中，有86%的被调查者认为不可能实现对中部地区的跨越，而11%则认为通过借助国家政策扶持及西部地区现有优势可以实现对中部地区的跨越，部分乐观的被调查者认为实现该目标需要至少20—30年的时间，仅有3%的被调查者认为可能实现对东部地区的跨越，但是实现跨越时间可能更长。在对跨越东部地区问题的调查中，被调查者得出了较为一致的结果，近95%的被调查者认为受自身基础薄弱及自然环境恶劣等一系列因素影响，实现对东部地区的跨越是不现实的，甚至基本不可能实现该目标；而只有5%的被调查者认为有可能实现对东部地区的跨越，但是跨越时间较长，多数被调查者将该时间界定为至少80年甚至更久。

因此，综合以上分析，在对西部地区能否实现跨越式发展问题上，多数人认为实现西部地区自身跨越式发展基本可以实现，并且愿望强烈，但在赶超中部地区，甚至跨越东部地区问题中，被调查者认为实现中东部地区的跨越式发展目标较难实现。

2. 实现西部跨越式发展目标的优劣势分别是什么？

在被调查者访问中，多数人给出了能够实现西部地区跨越式发展的优势或潜在实力，同时指出了制约当前甘肃在内的西部地区经济社会发展的不利因素。

其中，若实现西部地区跨越式发展，多数人认为支撑西部经济能够实现跨越式发展的优势在于：

（1）国家政策的大力支持

2000年10月，中共十五届五中全会通过《中共中央关于制定国民经济和社会发展第十个五年计划的建议》，把实施西部大开发、促进地区协调发展作为一项战略任务，强调："实施西部大开发战略、加快中西部地区发展，关系经济发展、民族团结、社会稳定，关系地区协调发展和最终实现共同富裕，是实现第三步战略目标的重大举措"。此后，西部大开发战略逐渐被推广实行，国家先后在税收、土地、外商投资及人才和发展科技教育政策等方面对西部进行大力支持；2010年5月，国家在《国务院办公厅关于进一步支持甘肃经济社会发展的若干意见（国办发[2010] 29号）》又指出，将进一步推出47条相关政策以破解甘肃发展难题，强大的政策支持及优惠政策，使西部实现跨越式发展有了坚强后盾，这也符合科学发展观对于统筹区域发展的要求，其实质在于实现地区共同发展，保持比较发达地区快速发展的势头和扶持落后地区的发展。

(2) 西部农业基础优势

农业是国民经济发展的基础，是人类的衣食之源、生存之本，农业的发展状况也将直接影响国民经济的全局发展。对于以农业为主要产业支柱的西部地区而言，农畜牧业是支撑西部地区发展的重要环节，只有在现有农业发展基础上，继续加大对该行业的支持力度，强化精细加工，延伸农业产业链，才能够更好地保持并继续发挥农业的基础性作用；同时，农业是社会安定的基础，农业能否稳定发展，是促进第二、第三产业有序进行的重要保证。因此，在现有农业发展优势下，继续搞活农业生产，将更有利于推动西部地区经济社会进步。

(3) 承接中东部地区产业转移

西部地区要实现跨越式发展，靠单一农业支撑是远远不够的，要加快第二、第三产业经济发展速度，促进西部地区经济发展的协调性。2010年，《国务院关于中西部地区承接产业转移的指导意见》中指出，产业转移是优化生产力空间布局、形成合理产业分工体系的有效途径，是推进产业结构调整、加快经济发展方式转变的必然要求。当前，国际国内产业分工深刻调整，我国东部沿海地区产业向中西部地区转移步伐加快。西部地区发挥资源丰富、要素成本低、市场潜力大的优势，积极承接国内外产业转移，不仅有利于加速西部地区新型工业化和城镇化进程，促进区域协调发展，而且有利于推动东部沿海地区经济转型升级，在全国范围内优化产业分工格局。因此，西部地区应该紧抓这一有利时机，积极承接中东部地区产业转移，发挥西部地区资源优势，吸引外商投资，推动地区经济社会发展。

(4) 兰州新区等新区建设的带动作用

作为第五个国家级新区，兰州新区地处兰州、西宁、银川三个省会城市共生带的中间位置，是国家规划建设的综合交通枢纽，也是甘肃与国内、国际交流的重要窗口和门户，区位优势明显。甘肃省委省政府计划通过5—10年的努力，把兰州新区打造成为战略性新兴产业、高新技术产业和循环经济的集聚区，国家经济转型和承接东中部装备制造业转移的先导区，传统优势产业和现代化服务业的扩展区；此外，河西走廊、秦王川新区等的建设，也必将带动兰州经济快速增长，发挥新区对周边省市发展的辐射作用,从而促进西部经济实现跨越式发展。

除此之外,甘肃军事战略意义重大,作为西部地区经济发展的国防基础条件,西部地区的稳定是促进西部地区经济社会发展的必要前提。

但是,也应该清楚地认识到,西部地区在实现经济社会跨越式发展的过程中,也存在许多不可回避的劣势,如果不能恰当处理,势必对西部地区经济社会发展带来损失。

调查显示,在所有制约西部地区经济社会发展的因素中,排在前5位的是生态环境脆弱、矿产资源枯竭、政府执行力较差、地理位置偏僻和水资源缺乏。

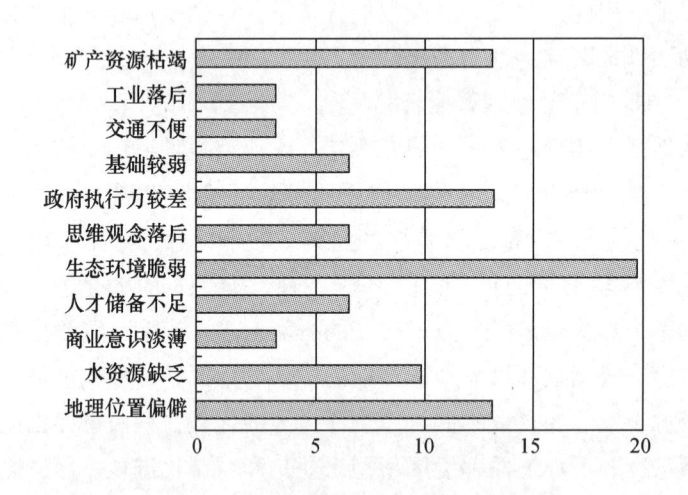

图1-2 制约西部经济社会发展的因素

(1) 生态环境恶劣,且一旦遭到破坏则难以恢复

在中国生态问题最严重的七个问题中,西部地区占据了大部分:自然环境先天脆弱、水土流失严重、荒漠化扩大、水资源紧缺、森林覆盖率低。由于受自然环境影响,西部地区要实现跨越式发展,必须保持生态环境,避免出现生态失衡局面。经济发展是建立在保护生态环境的基础上发展起来的,社会生产归根结底是从环境中获取自然资源,加工成生产和生活资料。在生产过程中,一部分资源转化为产品;另一部分资源变成废弃物返回到环境中。良好的生态环境能降低经济发展成本,为经济持续发展提供动力支持。一旦生态环境遭到破坏,生态环境恶化会通过经济发展反映出来,使经济发展受到影响,同时又对生态环境造成进一步影响。

(2) 矿产资源枯竭，资源密集型产业遭到破坏

西部地区蕴含着我国重要的矿产资源，且资源丰富、品种齐全，在45种主要矿产资源中，西部地区保有储量占全国总量50%以上的矿产有钾盐、石棉、钛、镍、汞、煤炭、天然气等。丰富的矿产资源带给西部地区经济增长的同时，也面临着枯竭趋势，由于人们对资源的不节制开采，以及对矿产资源的利用率较低，我国西部地区矿产资源面临着严峻考验，以往靠资源密集型产业支撑的矿产城市正面临着经济发展转型，矿产资源的日益枯竭成为制约西部地区经济社会发展的重要因素之一。

(3) 政府执行力差，影响政策实行效率

执行力是政府工作的生命力，是深化行政管理体制改革的重要目标，政府执行力是政府执行的能力和效能，是政府贯彻执行党和国家的路线、方针、政策以实现既定目标的实践能力。政府执行力差，既违背党的正确领导方针、破坏经济发展大局、损害政府形象，又在群众中产生较大负面影响，给党的工作带来了极大困难。部分领导干部在工作中服务意识淡薄、受利益驱使违背原则、政策落实不到位及严重脱离人民群众路线等问题，给当地社会经济造成了不利影响。因此，建立一支高素质、执行力强的干部队伍对于实现西部地区经济社会跨越式发展具有很大的推动作用。

(4) 地理位置偏僻，导致信息闭塞阻碍经济发展

由于西部地区自然环境恶劣，且多为荒漠、高原，交通发展相对滞后于中东部地区，各项配套基础设施落后，文化教育水平不发达，从而造成了信息闭塞，人民观念相对滞后。尽管西部地区信息化建设水平有了长足进步，但是仍然未能转变人民的思想观念，人民不易于接受新生事物，生产方式粗放，不能够满足现阶段经济发展的需要。

(5) 水资源缺乏，制约人民生活水平提高

西部地区，特别是西北地区地处亚欧大陆腹地，降水少，属于干旱半干旱地区，全年降水量不足，而包括西藏在内的部分西南地区地处高原气候区，降水量也不丰富，加上地下水被人为破坏较严重，使得水资源本不丰富的西部地区面临着更严峻的缺水难题。这既影响到正常的工业生产用水，也不利于人民生活水平的改善。因此，严重的水资源缺乏，使得西部地区植被覆盖率较低，生态环境进一步恶化，严重制约了西部地区经济社会的发展。

综上所述，通过调查问卷统计分析，课题组认为西部地区要实现经济社会的跨越式发展是有可能性的，尤其是实现西部地区自身跨越式发展，

但是受制于各种因素影响，西部地区要实现对中、东部地区的跨越式发展困难较大，所持续的时间也较长。因此，西部地区必须紧紧把握国家有利的政策支持，积极承接中东部地区产业转移，努力调整产业结构，借助于自身优势发挥，提高西部地区经济社会的跨越式发展。

二 实施西部大开发战略刻不容缓

由于东西部地区发展差距的历史缘由和过分扩大，西部地区经济社会发展的落后局面已经成为一个长期困扰中国经济和社会健康发展的全局性问题。支持西部地区开发建设，实现东西部地区协调发展，是我们党领导经济工作的一条重要方针，也是实现中华民族伟大复兴中国梦、实现中国现代化建设中一项重要战略任务。

2000年1月，国务院西部地区开发领导小组召开西部地区开发会议，研究加快西部地区发展的基本思路和战略任务，部署实施西部大开发的重点工作。2000年10月，中共十五届五中全会通过的《中共中央关于制定国民经济和社会发展第十个五年计划的建议》，把实施西部大开发、促进地区协调发展作为一项战略任务，强调："实施西部大开发战略、加快中西部地区发展，关系经济发展、民族团结、社会稳定，关系地区协调发展和最终实现共同富裕，是实现第三步战略目标的重大举措。"

2001年3月，九届全国人大四次会议通过的《中华人民共和国国民经济和社会发展第十个五年计划纲要》对实施西部大开发战略再次进行了具体部署。西部地区特指陕西、甘肃、宁夏、青海、新疆、四川、重庆、云南、贵州、西藏、广西、内蒙古12个省、自治区和直辖市。实施西部大开发，就是要依托亚欧大陆桥、长江水道、西南出海通道等交通干线，发挥中心城市作用，以线串点，以点带面，逐步形成中国西部有特色的西陇海兰新线、长江上游、南（宁）贵、成昆（明）等跨行政区域的经济带，带动其他地区发展，有步骤、有重点地推进西部大开发。2006年12月8日，国务院常务会议审议并原则通过《西部大开发"十一五"规划》，其目标是努力实现西部地区经济又好又快发展，人民生活水平持续稳定提高，基础设施和生态环境建设取得新突破，重点区域和重点产业的发展达到新水平，教育、卫生等基本公共服务均等化取得新成效，构建社会主义和谐社会迈出扎实步伐。西部大开发总的战略目标是：经过几代人的艰苦奋斗，到21世纪中叶全国基本实现现代化时，从根本上改变西部地区相对落后的面貌，建成一个经济繁荣、社会进步、生活安定、民族团结、山川秀美、人民富裕的新西部。

实施西部大开发战略,是全面建设小康社会、确保现代化建设第三步战略目标胜利实现的重大部署,是促进各民族共同发展和富裕的重要举措,是保障边疆巩固和国家安全的必要措施,关系全国经济社会发展的大局。有利于推动经济结构的战略性调整,促进地区经济协调发展;有利于改善全国的生态状况,为中华民族的生存和发展创造更好的环境;有利于培育全国统一市场,完善社会主义市场经济体制;有利于进一步扩大对外开放,用好国内外两个市场、两种资源,具有重要的现实意义和深远的历史影响。

在中国发展的战略棋盘中,西部的发展极为重要。西部地区国土面积占全国的56%,人口占全国的22.8%(2009年),实施西部大开发战略,是实现全国现代化必不可少的前提。作为一项规模宏大的系统工程,需要有全新的发展思路和总体规划。国家提出西部开发要以基础设施建设为基础,以生态环境保护为根本,以经济结构调整、开发特色产业为关键,以依靠科技进步、培养人才为保障,以改革开放为动力,以繁荣经济、使各族人民共同富裕为出发点。西部大开发重点工程——西藏铁路改革开放至今,沿海地区发生了巨大变化,西部地区也在加速发展。然而,由于西部的特殊条件,东西部的差距仍在扩大。实施西部大开发,正是中国现代化建设的客观要求,也是在新世纪实现中国现代化战略目标的必然抉择。

三 实现西部跨越式发展的学术争论

自实施西部大开发以来,就有学者对西部经济社会跨越式发展的可能性进行研究和分析。有人认为,西部实现跨越式发展是根本不可能的事情;有人则坚信,西部实现跨越式发展是可能的,也是必然的。

朱明熙[①]教授认为,西部地区在实施跨越式发展战略的时候存在现实条件的约束:若由政府来主导西部地区的发展,大肆涉足微观经济领域,则一方面政府的财政不够充裕,另一方面也违背了我国市场经济改革的大方向;若由市场来主导西部地区的发展,则出于自身利益的考虑,企业和私人并不具有充足的动力去投资环境保护、教科文卫等对西部地区经济发展具有重要作用的基础设施建设。

---

① 朱明熙:《西部大开发能实现"跨越式发展"吗?》,《财经科学》2004年第3期。

但是，更多的学者专家则认为，西部实现跨越式发展是历史的选择、时代的选择，尤其是西部大开发战略的进一步持续实施，给这一发展方式注入了强大的生命力。他们的观点是，西部实现跨越式发展是肯定可行的，原因有三：第一，西部经济社会发展现状要求跨越式发展；第二，德国和日本的崛起，以及亚洲"四小龙"的腾飞奇迹是实现跨越式发展的例子，其成功经验可以得以借鉴；第三，西部地区内部也有成功实现跨越式发展的例子。因此，总体来看，内部的需要及外部因素的促进使得实现西部跨越式发展成为可能。

四　西部大开发规划的目标

（一）"十五"时期，西部开发的主要目标[①]

——水利、交通、能源、通信等领域一批重大基础设施项目建成投产或开工建设，基础设施落后的状况要有明显改善。

——长江上游地区及三峡库区，黄河上中游地区，黑河、塔里木河流域的生态建设与环境治理全面展开，重点治理地区生态环境恶化的趋势初步得到遏制，污染防治也要有明显进展。

——优势农副产品、矿产资源产品、旅游业的市场竞争力明显提高，传统工业改造取得明显进展，有优势的高新技术产业开始形成规模，产业结构调整取得明显进展，经济增长的质量显著改善，经济效益不断提高。

——先进适用技术在重点开发领域普遍得到应用，科技创新能力得到加强，九年义务教育基本普及，人才队伍壮大，人才素质提高，城乡居民文化卫生等公共服务水平明显提高。

——直辖市和省会、自治区首府城市基础设施状况显著改善，中小城市和小城镇建设取得较大进展，环境质量有所改善，城镇人口所占比重明显上升。

——国有大中型企业现代企业制度基本建立，非公有制企业产值和资产占全部企业的比重较大幅度上升，利用外资和进出口贸易占全国的比重明显提高。

——农村贫困人口温饱问题基本解决，居民生活达到小康水平，人口自然增长率明显降低，与中部、东部地区人均收入差距扩大的趋势初步得到控制。

---

① 《"十五"西部开发总体规划》，《光明日报》2002年7月19日第4版。

（二）"十一五"时期西部大开发总的目标①

"十一五"西部大开发总的目标是，经济又好又快发展，人民生活水平持续稳定提高。基础设施和生态环境建设实现新突破，重点地区和重点产业的发展达到新水平，基本公共服务均等化取得新成效，构建社会主义和谐社会迈出扎实步伐。

经济又好又快发展和人民生活水平持续稳定提高。在提高经济发展质量和效益的基础上，实现人均地区生产总值比2000年翻一番以上。城乡居民人均收入水平与全国差距扩大的趋势得到遏制，城镇居民人均可支配收入和农村居民人均纯收入年均增长6%以上，基本解决贫困人口温饱和低收入人口稳定增收问题。

基础设施和生态环境建设取得新突破。交通通信条件得到明显改善。新增公路通车里程20万公里，建设农村通乡沥青（水泥）路11万公里；铁路路网总规模达到35000公里；重点大中型机场的扩建、迁建和一批支线机场建设任务基本完成；邮政和电信业务进一步改善，大部分地区实现普遍服务。水资源开发和节约利用取得成效，一批水资源开发和配置重点工程开工建设，节水农业发展取得重大进展，单位面积灌溉用水量大幅度减少，灌溉用水总量实现零增长。新增农村水电装机1100万千瓦。生态环境总体恶化趋势基本遏制。水土流失面积占国土面积的比例下降2%，治理"三化"草原1.1亿公顷，国家生态保护和修复重点工程区森林覆盖率提高2个百分点以上，主要污染物排放总量减少10%左右，单位国内生产总值能耗降低20%左右。

重点地区和重点产业的发展达到新水平。重点经济带的集聚效应得到发挥，中心城市的辐射和带动作用明显提高，重要资源富集区建成一批优势资源开发及加工基地，重点边境城镇地区开发开放，培育和形成新的增长点。特色优势产业发展水平明显提高，能源及化学工业、优质矿产资源开采及加工、特色农副产品生产加工、重大装备制造、高技术产业和旅游六大产业实现结构优化升级，建成一批特色优势产业基地。

实现基本公共服务均等化取得新成效。"两基"攻坚计划全面完成，20户以上已通电自然村实现通广播电视，农村饮水安全问题得到缓解，

---

① 《西部大开发"十二五"规划》，国家发展和改革委员会、国务院西部地区开发领导小组办公室，2006年2月。

适宜地区户用沼气普及率明显提高，农村电网改造的续建配套工程基本完成，所有乡镇通沥青（水泥）路以及具备条件的建制村基本实现通公路。新型农村合作医疗基本覆盖全体农民，城镇居民社会保障覆盖面进一步扩大，省会城市和有条件的地级城市建成比较完善的城市社区卫生服务体系。城乡居民人均享有的基本公共服务与东中部地区的差距逐步缩小。

（三）"十二五"时期西部开发主要目标①

——经济保持又好又快发展。区域比较优势充分发挥，资源有效利用，特色优势产业体系初步形成，自我发展能力显著提高，经济增速高于全国平均水平。

——基础设施更加完善。综合交通运输网络初步形成，重点城市群内基本建成2小时交通圈，基本实现乡乡通油路，村村通公路，群众出行更加便捷。铁路营业里程新增1.5万公里，道路交通、通信基础设施进一步完善。水利基础设施明显加强，供水、防洪减灾能力显著增强，新增生活垃圾无害化处理能力12万吨/日。

——生态环境持续改善。重点生态区综合治理取得积极进展，森林覆盖率达到19%左右，森林蓄积量增加3.3亿立方米，草原生态持续恶化势头得到遏制，水土流失面积大幅减少。单位地区生产总值能源消耗（不含西藏自治区）下降15%左右。主要污染物排放总量显著减少，其中，化学需氧量排放量减少4.5%，二氧化硫排放量减少3.5%，氨氮排放量减少6.8%，氮氧化物排放量减少3.4%。

——产业结构不断优化。第一产业就业人口比重明显下降，农业综合生产能力明显提升。第二产业竞争力显著增强，初步建成全国重要的能源、资源深加工、装备制造以及战略性新兴产业基地。第三产业发展壮大，吸纳就业能力明显提高。单位工业增加值用水量降低30%，农业灌溉用水有效利用系数提高到0.53。

——公共服务能力显著增强。义务教育、医疗卫生、公共文化、社会保障等方面与全国的差距逐步缩小。九年义务教育巩固率达到90%以上。城乡三项基本医疗保险参保率提高3个百分点，新型农村养老保险和城镇居民养老保险实现全覆盖。

——人民生活水平大幅提高。城乡居民收入增速高于全国平均水平。

---

① 《西部大开发"十二五"规划》，国家发展和改革委员会，2012年2月。

城镇化率超过45%。城镇保障性住房覆盖面达到20%以上。就业更加充分，城镇登记失业率控制在5%以内。贫困人口显著减少。

——改革开放深入推进。体制机制改革取得明显成效，政府职能加快转变，社会管理能力明显加强，投资环境进一步优化。对内对外开放水平和质量不断提升，全方位开放新格局基本形成。

西部大开发实行十年以来，我国西部地区经济得到飞速发展，基础设施不断完善，人民生活水平逐步提高，社会事业得到全面发展。但不可否认的是，西部大开发中还存在着一些比较突出的问题，比如经济发展和环境保护之间矛盾尖锐、民生改善与经济发展速度不相协调等。因此，在新一轮西部大开发中，需要着重解决以下问题：

第一，重视政府改革。政府对西部经济的发展具有重要推动作用，艾德荣（2005）指出，英国、法国、美国等在经济飞速增长初期，都存在着一个强有力的中央政府。[①] 作为落后地区，西部的跨越式发展不可能是一个自发的过程，但过多的政府干预将对经济的发展产生阻碍。政府应当适当减少对经济的行政干预，推进政府自身从"全能型"政府向"服务型"政府进行转变，提高政府运转效率。

第二，以产业升级推动城市化进程。以产业发展促使农村劳动力向城市转移，在推动城市化进程的同时大力推进新农村建设，以实现城市、农村的一体化发展。

第三，发展环境友好型经济。西部大开发应将保护环境作为重点，西部地区经济的发展不能以牺牲当地的生态环境为代价。大力发展节能环保、新能源、新一代信息技术等战略性新兴产业，将有助于改善西部地区的生态环境。

第四，注重改善民生。经济发展的最终目的是人民生活水平的提高，在新一轮西部大开发中，应当从以往的注重效率转为效率公平兼备，使西部地区人民的生活水平跟上经济发展的速度，由此增强社会活力，民生的改善反过来也会促进经济的发展。

五 实施西部经济社会跨越式发展战略是一项必然选择

西部地区实现经济社会的跨越式发展，不仅仅是我国全面建设小康社

---

① 艾德荣：《职权结构、产权和经济停滞：中国的案例》，《经济学（季刊）》2005年第4期。

会战略目标的重要内容，更关系着我国区域协调发展战略的成功。面对国际国内形势的复杂变化，西部人需要直面挑战，抓住历史潮流所带来的机遇，在激烈的竞争中实现经济社会的跨越式发展。通过加快调整和改革，创造有效率的市场环境，将巨大的潜在市场持续地转化为国内外需求不断增长的优势。

　　西部经济基础薄弱，为了实施经济社会的跨越式发展，西部地区必须立足于发挥比较优势，同时积极推进市场经济体制改革，为生产要素的自由流动创造良好的环境。在知识经济时代，西部地区还需要大力推进科技创新，一方面培育新的经济增长点；另一方面利用高新技术将西部地区的资源优势转化为经济优势。大力实施创新工程，以立足当前、着眼长远，推进从只注重单项创新向配套、综合创新过渡，从对传统体制否定式创新向以扬弃式创新为重点转化，从着眼区域创新向着眼全球创新转变。适应新体制、新观念、新模式，逐步走出区域封闭，适应日益加快的经济全球化和日趋激烈的国际竞争。由于当前对创新绩效的评价体系还不健全、不完善，对创新的有形、无形绩效评判标准不一，对一些创新的后发和潜在的绩效难以评价，争议不可避免。在创新的实践过程中，往往失败责任由个人承担，成功绩效归大家所有。所以，在相当长的一个阶段，创新的实践过程是一个需要承担巨大压力和各种风险的过程。只有把"一切为了人民"的价值取向与创新统一起来，以无畏压力和风险的胆略和勇气，敢闯、敢冒、敢试、敢于创新，西部才能在继承中突破常规，在创新中超越自我。

　　全面建设小康社会必须以提高人民的生活水平为根本出发点。由于历史和自然地理因素的制约和影响，西部经济发展水平严重滞后于东部地区。只有大力推进优势资源开发和依靠新技术的产业发展，发挥技术创新基础上的后发优势，通过国家支持，以信息化带动工业化，加快经济发展步伐，才能不断缩小与发达地区的差距。因此，必须以改善人民生活水平，提高人民生活质量为根本出发点，充分利用当代新知识、新技术、新观念和国家的各种有利政策，深化改革，共谋发展。

　　中国改革开放后采取了非均衡发展战略，集中全国力量发展东部沿海地区，从而使得中国东部沿海地区实现了快速发展，非均衡发展战略大大加快了中国改革开放的进程和经济增长的速度，国民财富迅速积累，综合国力大幅度提高，缩小了中国与发达国家的差距。但非均衡发展战略也极大地拉大了中国东部地区和其他地区，尤其是中国西部地区发展水平的差距。尽管近年来西部地区与东部地区的相对差距有所缩小，但绝对差距仍继续扩大，1999—2012年，东西部人均地区生产总值的差距由6100元扩大到26365元，城乡居民收入差距分别由2200元和1300元扩大到9022元和4790元。采取这种非均衡发展战略在中国改革开放初期阶段是有必要的也是务实的。但是，随着中国东部地区进入工业化中期乃至后期，随着改革开放进行30多年后，随着非均衡区域发展带来的各种隐患，随着中国西部地区复杂的民族、生态、文化等各种问题需要得到解决，中共中央必须要调整之前的非均衡战略，从而推动中国西部地区的更快发展。[①] 在这种情况下，实施西部经济社会跨越式发展战略就成为中国经济社会发展的必然选择。

2010年，国务院出台《关于中西部地区承接产业转移的指导意见》，就已经明确指出中西部地区要充分利用资源丰富、生产要素成本低、市场发展潜力大的优势，积极承接国内国外产业转移，在优化自身产业结构的同时不断推动东部、中部地区经济发展转型。因此，西部在经济与环境协调发展前提下，厘清经济发展、社会进步与环境保护的内在关系，以生态净产出（"绿色GDP"）为目标，由工业文明向生态文明发展转变，保持生态环境和谐稳定与平衡，大力发展循环经济，就成为必然选择。

党的十八届三中全会强调，要"加快同周边国家和区域基础设施互联互通建设，推进丝绸之路经济带、海上丝绸之路建设，形成全方位开放新格局"。2013年9月、10月，习近平总书记分别在出访中亚、东南亚时，提出共建"一带一路"的战略构想，成为我国在新时期优化开放格局、提升开放层次和拓宽合作领域的重要指针。"一带一路"战略不是一个实体和机制，而是合作发展的理念和提议，是依靠中国与有关国家既有的双边多边机制，借助于既有的、行之有效的区域合作平台，旨在使用古代"丝绸之路"的历史符号，高举和平发展的旗帜，主动地发展与沿线国家的经济合作伙伴关系，共同打造政治互信、经济融合、文化包容的利益共同体、命运共同体和责任共同体。"一带一路"战略规划对于西部地区来说是利好消息，而西部地区无疑将成为该战略规划的最大受益者及主要参与者，对于提升西部地区整体开放水平及经济转型升级具有重要意

---

① 易鹏：《向西，丰富开放格局》，《联合早报》2012年10月31日第B14版。

义,也为西部地区全面深化改革和持续健康发展创造必要前提。伴随其顺利建设及城镇化的推进,西部地区的基础设施建设将逐步加快(如铁路、水利、地下管网等),经济结构也将得到进一步优化,西部地区可以承接更多中东部地区产业,形成新的发展动力。

通过"一带一路"战略的实施,从区域经济发展角度看,其重心放在了中西部地区,有利于增强中西部地区的发展动力以及对人才的吸引,促进区域经济协调发展。将我国经济发展向西开放,加强西部地区与中亚、欧洲等国的贸易往来,带动欧亚大陆区域经济合作,既充分利用了西部地区的地理优势,又能够充分调动西部地区能源、旅游、矿产及农业资源,实现西部地区产业的合理规划,统筹区域发安装,推进发展方式转变。"一带一路"规划中所涉及的省份有近半数位于西部地区,国家及地方政府各层级将在基础设施、人才培养、财政扶持及对外开放等方面给予大力扶持,必将增强所覆盖省份的发展潜力,以此保障西部地区经济社会持续健康发展。

2014年,我国全面深化改革进入了新轨道,经济发展表现出"新常态",增长速度由高度增长转向中高速增长,经济发展方式也逐渐由粗放增长转向集约增长,经济结构由增量扩能为主转向调整存量、做优增量并存的深度调整,经济发展动力也由传统增长点转向新的增长点。认识新常态,适应新常态,引领新常态,是当前和今后一个时期西部地区乃至整个中国社会要面临的新挑战,为积极适应"新常态",中央经济工作会议指出要继续完善区域政策,促进地区间协调发展、协同发展、共同发展。西部开发、东北振兴、中部崛起、东部率先的区域发展总体战略,要继续实施。各地区要找准主体功能区定位和自身优势,确定工作着力点。要重点实施"一带一路"、京津冀协同发展、长江经济带三大战略,争取有个良好开局。这为西部地区发展提供了良好的机遇,西部各省份应积极配合执行国家相关政策,结合自身实际,实现经济社会的跨越式发展。

第三节 西部经济社会跨越式发展的意义

一 有利于促进国民经济协调发展,最终实现共同富裕

我国地域辽阔,地区之间的经济发展严重不平衡。西部地区经济落

后，与中部地区、东部地区之间存在着巨大的发展差距。这种差距不仅直接影响西部地区本身的经济社会发展，而且阻碍东部地区甚至全国的经济社会全面、协调的发展。从21世纪初到21世纪中叶，是全面建设小康社会以及实现我国现代化建设第三步战略目标的重要阶段，忽视西部地区的现代化而单纯依靠东部地区，显然难以真正实现中国的现代化目标；另外，根据历史经验来看，任何地区都不可能永远保持经济的高速增长。当东部沿海地区进入成熟增长阶段以后，支撑中国经济高速增长的重任将落在广大的中西部地区身上。因此，实施西部大开发战略，逐步推进西部的现代化进程，缩小与东部地区之间的差距，对于促进各地区经济的协调发展和共同繁荣具有重要的现实意义。

二 有利于维护民族团结、社会稳定和国家统一

西部地区经济落后，很多贫困人口尚未实现最基本的温饱，而云、桂、川、藏、黔、青等西部地区又是我国少数民族的主要聚居地，受民族、思想、文化以及风俗习惯等因素影响下，使得地域之间或地域内部存在着显著差异。加快西部少数民族地区的经济社会发展，促进各民族的共同富裕，是维护民族团结、社会稳定的重要保证；同时，西部地区陆地边境线漫长，与14个国家接壤[①]，这些地区存在着大量社会动乱的不稳定因素。为了解决民族团结问题，维护边疆地区稳定，就要加快边境地区的经济社会发展，逐步缩小地区之间的差距，这些地区形成一种凝聚力，使国外敌对势力无机可乘。

三 有利于开拓国内市场，扩大内需，为我国经济增长提供新动力

《中国统计年鉴》数据显示，2012年，西部地区人口达到3.64亿，占全国总人口的27%，而社会商品零售额仅占全国的17.8%。另外，从市场发展来看，与中东部地区相比而言，西部大部分地区近现代工业水平较低，发展规模有限，人口密度也比较低，西部地区的市场发育程度较低。西部地区需求的不足与市场经济发展的不成熟，不仅制约了西部地区本身的经济发展，同时也严重影响了整个国民经济的健康发展。因此，实施西部地区经济社会的跨越式发展，扩大西部地区的市场规模，充分挖掘西部地区的需求潜力，将为我国的经济增长提供新动力，是我国整个国民经济持续快速发展的重要保证。

---

① 程印学：《论西部跨越式发展与新型工业化道路的选择》，《江西社会科学》2004年第4期。

第四节 整体发展对西部经济社会跨越式发展的重要影响

西部地区是我国重要的生态屏障，但自然条件比东部更脆弱。因此，在新一轮的西部大开发中，不能照搬东部发展的既有模式，也不能单纯以东部经济总量或结构指标来衡量西部开发的成效，而应根据西部地区特有的资源禀赋，探索新的发展思路和模式，实现可持续跨越式发展。

一 转变发展方式、产业转型升级对西部的影响

西部转变发展方式的进程对全国整体发展有着举足轻重的作用。胡锦涛同志在党的十七大报告中对促进国民经济又好又快发展作出了明确的解释：促进国民经济又好又快发展，其核心在于加快经济发展方式的转变。而转变经济发展方式，则意味着调整经济结构，推动产业结构的优化升级。经济发展方式的三个转变是指：一是促进经济增长由主要依靠投资、出口拉动向依靠消费、投资、出口协调拉动转变；二是促进经济增长由主要依靠第二产业带动向依靠第一、第二、第三产业协同带动转变；三是促进经济增长由主要依靠增加物质资源消耗向主要依靠科技进步、劳动者素质提高、管理创新转变。

党的十七大报告用"转变经济发展方式"代替"转变经济增长方式"，尽管只改了一个词，但是，其内涵却有了明显的改变。经济发展不等于经济增长。经济增长指的是产出总量的增加；而经济发展的内涵不仅仅包括产出总量的增加，它更关注的是经济结构的优化和经济质量的提升。由此可见，经济增长的概念是包含于经济发展的。多年以来，我国经济飞速发展，经济建设取得了巨大的进步。但是，由于过于注重经济总量的增加，而忽视了经济质量的提高，我国的资源环境受到了巨大的浪费和破坏。实践表明，单纯追求经济总量的增加并不能够保证经济又好又快地发展，因此必须转变经济发展方式，促使经济由粗放型增长转变为集约型增长，减少资源的损耗；同时更加关注经济结构的优化升级，提高经济的运行效率；更为重要的是，要以提高人民群众的生活水平为核心，切实改善人民的生活福利。

自主创新是转变经济发展方式的基础，是提高一国核心竞争力的关

键。因此，我国应该加大自主创新投入，对高新技术进行突破和掌握，将先进技术应用于对传统产业的升级改造，积极推进产业结构的优化升级，实现三次产业的协调发展，进而提高我国产业的科技水平。经济发展不应该以资源的浪费和环境的破坏为代价，因此经济结构调整的关键在于节能减排，加速淘汰高耗能、高污染行业；运用高新技术大力发展循环经济。

西部经济增长中高投入、高消耗、高污染、低水平、低效益的"三高两低"问题比较突出，2005年单位GDP能耗全国最高。因此，西部在贯彻落实党的十七大会议精神的过程中，要加快转变经济发展方式，推进新型工业化，重点处理好产业转型与加快发展的关系、加快经济增长速度与提高发展质量的关系、追求当前利益与谋划长远发展的关系，绝不能像以前一样先污染、后治理。努力实现经济发展方式的转变，由粗放型增长转变为集约型增长，由高投入、高排放转变为低投入、低排放。在推进西部跨越式发展的进程中，注重追求经济增长速度和经济发展质量、经济结构、经济效益的协调统一，经济、环境、人口相互协调发展，努力实现经济又好又快地发展。

在新的治疆方略的指导之下，新疆维吾尔自治区的跨越式发展取得了巨大进步。秉持科学的发展理念，新疆转变发展观念，不断调整经济结构，提高经济发展水平，保证经济发展的效益，加速攻克经济发展之中的难题。同时认真处理好经济发展与环境保护之间的关系，推动生态园区的建立。优化产业结构，发展壮大新疆省现有的支柱产业和优势产业，实施"主导产业—主导产业群"战略，加快工业园区建设，推进产业集群；继续实施大企业大集团战略，培育战略性新兴产业，强化农业基础地位，发展现代农牧业，建设社会主义新农村。并关注民生，加速建设惠民、利民工程。在发展方式转变中，新疆许多地方都在重新定位，思路已日渐清晰。"油城"新疆克拉玛依市今年提出打造"世界石油城"的新目标，在继续发展油气产业的同时，正在努力发展信息、金融和旅游等产业，以实现资源型城市向综合型城市转型。

青海省着力发展新能源产业促经济发展方式转变。2010—2015年，青海省将根据《青海省太阳能产业发展及推广应用规划》，重点培育多晶硅、单晶硅硅锭切片、太阳电池片、太阳电池组件封装以及光伏系统集成产业链，加快海西蒙古族·藏族自治州太阳能光伏发电基地建设；在风能利用方面,将积极争取国家政策、资金和项目支持,加快德令哈风力发电基地建设,统筹推进风电及相关配套产业发展;同时,将延伸太阳能、风能产业链条,大力开展农牧区太阳能、风能应用、沼气开发及秸秆气化,组织实施太阳能光热光电与建筑一体化、太阳能绿色照明等新能源示范项目,进一步延伸产业链条,带动相关产业发展。

西藏自治区提则积极发展藏药业、农牧业、矿产业、民族手工业、绿色食品业和特色旅游业,这六个具有当地特色的产业,努力形成具有西藏本土特色的品牌。重点打造"世界屋脊"、"雪域圣地"和"古道天路"三大旅游品牌,深度开发特色文化、自然生态旅游资源,加快 A 级旅游景区基础设施和紧急救援能力建设,逐步形成品牌体系化、功能多元化和市场高端化的世界旅游目的地产品体系。

重庆市作为中国承接东、中、西的桥头堡,在国家对外开放战略中有两个定位:一是把重庆建设成我们国家内陆开放高地,建设成为我国枢纽型的国际贸易大通道;二是打造亚洲总量最大的笔记本制造基地,将形成每年生产 8000 万台笔记本的规模。

陕西省是我国的老工业基地,受 2008 年国际金融危机冲击,陕西经济的结构性矛盾越发尖锐。由于企业抗风险能力较差,特别是以装备制造业和资源类产品为主的传统工业受金融危机冲击严重,加剧了经济发展的困难。为了落实调整产业结构的各项工作部署,更好地发展战略性新兴产业,重点抓好太阳能光伏和半导体照明、环保、现代服务业等新兴产业的发展,把陕西省的科教优势转化为经济优势,陕西省政府出台了一系列产业规划,为战略性新兴产业的发展提供良好的政策环境。例如,陕西省政府从 2010 年起决定每年投入 5000 万元用于支持战略性新兴产业的培育,并专门设立 8 亿元的专项引导资金以支持太阳能光伏和半导体照明产业的发展。

云南省在发展中转变、在转变中发展,以发展促转变,用转变保发展。身处全面战略转型阶段的云南工业,瞄准新型工业化方向攻坚克难、大步前行,努力促进经济增长由主要依靠自然资源的消耗向主要依靠科技进步、管理创新和劳动者素质提高进行转变。有序开发水电,稳定控制煤电,积极发展核能、太阳能、风能和生物能源,能源产业发展的基本构架思路已经清晰。鉴于水电常年调节能力弱,风能、太阳能比例小,短期内难以替代的现状,云南省提出了积极筹建核电的战略构想。随着我国积极发展核电政策的出台，以及核电发展布局由沿海向内陆地区拓展的态势，云南省争取"十二五"前期启动核电相关项目前期工作。水电为主，火电为辅，核电加快发展的云南多元良性电力格局的形成不再遥远。

鄂尔多斯曾是内蒙古自治区最贫困的地区之一。党的十六大以来，全市上下大力更新发展观念，以科学发展观为指导，坚持转变经济发展方式，形成了一套具有自身特色的发展模式，并取得了显著的成效。鄂尔多斯的经济、社会飞速发展，创造了跨越式发展的奇迹，被确定为全国改革开放18个典型地区之一。鄂尔多斯的发展模式经得起时间的考验，被专家学者赞誉为"鄂尔多斯模式"，其特点包括：第一，促进自然资源的深度开发，提高自然资源产业的附加值，切实将资源优势转化为经济优势；第二，坚持制度创新。正是在这种发展模式的推动下，鄂尔多斯的发展才充满活力、动力和源泉，进入发展新时期后，鄂尔多斯模式应继续适时调整战略部署，积极应对挑战，走出一条可持续发展之路。

西部产业转型升级与承接产业转移对全国有重大影响，它一方面能够推进全国城镇化和新型工业化的进程，另一方面能够促进东部地区产业结构的优化升级。当前，为了优化空间布局，使产业分工体系更加合理化，国际国内正在进行产业分工的深刻调整。我国东部发达地区人力成本逐渐提高，使得传统的人力资本密集型产业逐步向中西部地区进行转移。西部地区应该积极发挥生产要素成本低的比较优势，大力承接国内外的产业转移，促进区域经济的协调发展。

中国西部地区纺织产业升级，积极承接东部纺织产业的转移。西部地区纺织企业虽然在纺棉上处于劣势，但可以优化资源配置，引导企业从纺棉转向纺粘纤、涤纶等其他纤维，进而获得相应的生产优势。在产业转型的基础之上，西部纺织企业以科技创新为动力，加速进行装备、产品的优化升级，实现产业的高端化发展。凭借着资源优势和政策优势，西部纺织企业积极承接东部纺织企业的转移，打造西部纺织产业链，形成纺织产业的集群效应。

中国西部瓷都夹江承接天府新区新材料、机械制造等产业转移，推动发展物流、商贸等配套产业，建设天府新区的产业延伸基地和产业配套基地。夹江既是乐山双百大城市组成区，又是乐北城镇群主体区，更是乐山城市向北拓展延伸区。在发展中，夹江秉承"甘当配角、敢抢镜头、真诚合作、互利共赢"的理念，实施充分的开放合作战略，明确承接重点，打造承接载体，优化承接环境，努力把夹江建设成为外资西进、内资西移的重要节点和承接产业转移的重要基地。

2012年8月23日出炉的《重庆市装备制造业三年振兴规划》指出，到2015年，装备制造业将实现工业总产值5000亿元，重点发展千亿级摩托车产业集群和风电成套装备、轨道交通装备、智能制造装备、环保安全装备、船舶及零部件、航空航天装备、能源装备、内燃机、大型铸锻件及关键基础件10个百亿级产业集群。据预测，未来3年重庆市装备制造业的快速发展，将带来超过1000亿元的零部件采购订单。

位于成都温江的西部唯一一个国家级海峡两岸科技产业园，成都海峡两岸科技产业园已有近20年的发展历程，在国家经济整体进入转型期的大形势下，园区把生产性服务业作为工业转型升级的重点突破方向，加速聚集高端产业，采取更有力、更有效的措施，淘汰清退能耗高、污染重、占地多、产出低、效益低的企业。同时，对园区闲置土地进行清理，力争3年盘活园区存量土地1500亩，承载新的项目，全面提升园区土地集约节约利用水平和综合效益，力争建成全国知名、全省一流的生产性服务业集聚高地。2011年，科技园把生产性服务业作为工业转型升级的重点突破方向，加速聚集电子商务、软件与服务外包、信息服务、研发设计、金融服务等产业，力争建成全国知名、全省一流的生产性服务业集聚高地。园区鼓励项目业主开发建设总部经济楼宇，鼓励生产企业自建总部，引进了百瑞驰中小企业总部、海科先进技术研发推广基地等一批重大总部经济类项目。科创医药、开飞高能等项目实现了由生产企业向总部研发类企业转型。科技园采取了"零地招商"的方式，吸引生产性服务业进海科信息园、SBI创业街、海科智谷等存量楼宇。

二 优化整体格局、促进区域协调发展和城镇化发展对西部的影响

实施西部经济社会跨越式发展战略的核心作用，在于其有利于全国实施区域发展总体战略和主体功能区战略，构筑区域经济优势互补、主体功能定位清晰、国土空间高效利用、人与自然和谐相处的区域发展格局，以逐步实现不同区域基本公共服务均等化，推进中国特色城镇化道路[①]，促

---

① 《"十二五"规划》。

进西部城镇化健康发展,推进新一轮西部大开发。坚持把深入实施西部大开发战略放在区域发展总体战略优先位置,给予特殊政策支持。加强基础设施建设,扩大铁路、公路、民航、水运网络,建设一批骨干水利工程和重点水利枢纽,加快推进油气管道和主要输电通道及联网工程。加强生态环境保护,强化地质灾害防治,推进重点生态功能区建设,继续实施重点生态工程,构筑国家生态安全屏障。发挥资源优势,实施以市场为导向的优势资源转化战略,在资源富集地区布局一批资源开发及深加工项目[①],建设国家重要能源、战略资源接续地和产业集聚区,发展特色农业、旅游等优势产业。

在全国经济合理布局的大背景之下优化西部地区开发格局:合理控制西部地区的开发强度,有效提高西部地区的开发效率,使西部地区的开发能够长久持续下去。合理平衡经济发展、人口分布、城镇化发展三者之间的关系,促进经济发展与资源环境相协调,同时对农业发展进行保护。对各个区域进行有效分类管理,针对各功能区推行相应的政策法规来为经济的发展提供良好的政策环境。实行各有侧重的绩效评价,实行差别化的评价考核。建立健全衔接协调机制,积极稳妥推进城镇化,在西部有条件的地区培育壮大若干城市群。

三 整体创新驱动,实施科教兴国战略和人才强国战略对西部的影响

西部实施经济社会跨越式发展战略,对推动全国创新驱动,实施科教兴国战略和人才强国战略,起到重要作用。新增高校招生计划逐年向中西部地区倾斜,全国高校在中西部地区的招生规模也逐年扩张,促进了教育公平。实施创新驱动发展战略写进党的十八大报告,会给西部带来新理念、新机遇。《福布斯》杂志曾言:成都,将成为未来10年全球发展最快的城市。在全球进入空前科技密集和产业变革时代,何以实现"最快"?主动融入,用"成都创新"支撑"全球最快",成都的行动路径明晰。梳理成都的创新资源,这座聚集了西部最多科研院所、企业高校创新要素的城市,专利申请量、授权量连续多年蝉联中西部城市第一,仅2011年,获国家科技计划立项的创新项目就达255项。中国社会科学院在京发布的《2011年中国城市竞争力蓝皮书》显示,成都科技竞争力持续上升,排名全国第六,位居中西部城市之首。四川省加快打造西部地区

---

① 《"十二五"规划》。

创新驱动高地的新目标、新要求,就要充分发挥四川科技人才资源大省的优势,以自主创新驱动转型升级、以科技支撑增长、以科技创新为着力点,加速实施科技成果转化工程,推动四川经济、社会、科技全面发展。四川全省拥有专业技术人员234万人,居全国第7位,拥有各类科技活动机构1550家,高等院校94所,国家重点实验室12个,工程中心14个[①],研发机构总数和科技人员数量居西部第一。2011年四川科技投入294亿元。比2006年增长2.7倍。"十一五"全省专利授权5.06万件,居中西部第一。[②] 作为西部地区唯一被批准的国家技术创新工程试点省,四川全省有高新技术企业1372家,2011年创造的产值达6622亿元[③],高新技术产业规模高居西部首位。

作为创新驱动战略的重要组成部分,四川省将规划建设天府新区创新研发产业功能区(以下简称"功能区"),以此作为四川创新驱动的窗口。据悉,占地超过50平方公里的功能区计划建于成都,同时将资阳、眉山等地创新单元纳入园区或在当地建设分园区。功能区将以增强自主创新能力为核心,重点打造创新研发、孵化及成果转化、科技服务三大功能,建设成为西部科技创新驱动高地核心区。创新研发方面,围绕高新技术产业及战略性新兴产业,通过独立引进或联合设立研发中心等多种形式吸引国内外知名高校、科研院所、跨国公司的研发机构入驻,引进国家实验室、国家工程技术中心等。力争到2020年,聚集50家以上国内外著名高等院校研究部门、重点实验室以及50家以上国内外著名科研院所,100家以上国内外知名企业研发机构;引进500个以上国内外领先的创新研发团队;形成100项以上国际领先的创新成果,年发明专利申请数达到600件以上;吸引5万人以上的科技创新人员等。

科技进步缓慢、区域创新能力导致西部地区在承接产业转移时效率低下,进而阻碍了其经济发展速度。李娅、伏润民(2010)指出,资源禀赋优势对产业转移具有一定的吸引作用,但对于西部地区而言,仅仅具有资源禀赋优势是远远不够的,要想显著发挥自身的资源禀赋优势对东部地区产业转移的吸引能力,西部地区还必须提高自己的区域

---

① 姚福:《四川省R&D经费投入分析研究》,《科技创业月刊》2013年第2期。
② 同上。
③ 同上。

创新能力①，发挥区域内各个主体的创新功能。产业转移不仅仅需要资金，而且伴随着技术的创新和先进管理经验的吸收。因此，西部地区对产业转移的承接需要以其创新支持体系建设的完善作为支撑。一个地区的创新体系涉及政府、企业、高校、科研机构四个组成部分，其中，政府的推动作用在创新体系的构建过程中起核心作用。政府所实施的相关宏观政策、颁布的法律法规和推进的相应的制度安排是推动地区技术创新的主导力量。在全国整体创新驱动战略这一大背景下，西部落后地区的区域创新将获得必要的政策和环境支持，在进行产业转移的承接时也将更加具有效率，进而加快自身的经济发展和社会进步的速度。

近年来，我国经济发展受到资源、能源的制约越来越明显。西部地区具有非常丰富的自然资源，西部大开发虽然通过发挥当地的资源优势实现了经济的飞速发展，但由于技术水平较低，使得西部地区的资源遭到了极大浪费，依靠自然资源的粗放式发展必定难以持续。随着我国对技术创新越来越重视，我国整体的科技进步将促进西部地区对资源利用效率的提高，有利于西部地区实现经济的可持续发展。

---

① 李娅、伏润民：《为什么东部产业不向西部转移：基于空间经济理论的解释》，《世界经济》2010年第8期。

第二章 西部经济社会发展的体制、机制与制度安排

第一节 跨越式发展的科学内涵

早在1999年,著名经济学家谭崇台就指出,跨越式发展指的是落后国家在特定的历史发展阶段,吸收借鉴先进国家的发展经验和发展成果,以技术为依托,充分发挥自己的后发优势,以跨过先进国家已经走过的某些发展阶段,从而实现经济的超常规发展。[①] 2000年10月,党的十五届五中全会公报中第一次正式提出"跨越式发展",此后其便成为我国学术界关注的一个问题。现实证明,人类经济社会的发展是有规律的,是一种常规的、渐进式的发展。但在经济全球化的条件下,个别国家和地区是能够实现经济的超常规、跨越式发展的。与渐进式发展相对,跨越式发展是指经济落后的国家和地区,为了迅速缩短与经济发达国家和地区之间的差距,直接运用新技术或直接引进外国的先进科技成果和管理经验以跳过先进国家和地区已经走过的某些经济发展阶段,在相对较短的时间内完成相对常规经济较长时间内才能完成的经济目标,实现经济的超常规、跳跃式发展。英文表述 leapfrog development 就是"跨越式发展"。leapfrog 一词的原义是"跳背游戏",在这里是比喻用法。我们在形容迅猛发展时也常用 develop by leaps and bounds(突飞猛进地发展)这个表达。所谓"跨越式发展",是指在一定的历史条件下,后发者对先发者实施的超常规的追赶行为。这样的"超常规"发展并不仅仅意味着追求经济的增长速度,而是追求经济发展速度和经济发展质量的统一。在对历史经验进行深刻反

[①] 谭崇台:《发展经济学的新发展》,武汉大学出版社1999年版。

思，对现实状况进行深刻分析的基础之上，我们对跨越式发展的内涵有了明确的认识：全面、协调发展，短期与长期兼顾的发展，经济和环境相协调的发展。

跨越式发展不是传统意义上的粗放型增长，不单单是经济总量的提升，而是一国或地区技术创新能力的提高和竞争优势的增强。跨越式发展的实质是生产力的质的提升、经济结构的变革，先进生产力成分的扩大，而不是一个原有生产力结构基础上单纯的量的扩大。叶险明（2002）认为，生产力的跨越式发展一方面必须基于世界经济发展的一般规律和本国国情；另一方面也不能完全拘泥于发达国家发展的一般步骤，应抓住时机制定和实施适合自身的经济发展战略。① 跨越式发展必须以经济全球化的形成为前提，以科技革命作为依托。一般而言，一国或地区经济发展相对落后，会导致其在很多方面处于不利地位。但由于经济全球化促进了各国之间、各地区之间的交流，发达国家或地区的先发经验会对后发国家和地区起到一种示范作用，从而在一定程度上使不利条件转化为有利条件。综上所述，跨越式发展是在一定的历史阶段，通过技术创新和制度创新来实现的一种快速的、不平衡的发展，其内涵主要体现在以下几个方面：

（1）后发优势。在社会经济发展中，由于后发国所处的后发地位，使其具备了一种在一定条件下能够转化为发展动力的后发潜力，这就是后发优势。作为一种发展潜力，后发优势是后发国家实现跨越式发展的必要而非充分条件。后发优势主要体现在两个方面：第一，采用先发国家的先进技术成果，借鉴先发国家的先进发展经验以使自身在现代化进程中少走弯路。第二，处于落后地位的事实往往能引发强烈的社会变革意识，这样的变革意识有利于调动全社会的资源投入发展进程。

（2）制度创新。实施跨越式发展必须建立在制度创新的基础之上，制度创新是跨越式发展的前提条件和政策保证。制度创新可以在很大程度上降低经济结构调整的交易成本，为新经济提供合适的发展环境，有利于新产业的发展与产业结构的优化升级。同时，制度创新还是技术创新的基础，科学技术的创新需要良好的制度保证。

（3）技术创新。科学技术是跨越式发展的重要手段，跨越式发展需要技术创新来推动。技术创新指对生产要素、生产组织进行重新组合以提高

---

① 叶险明：《关于生产力跨越式发展的世界历史思考》，《中国人民大学学报》2002年第2期。

生产的效率。它包括对旧产品进行改进或对新产品进行开发、采用新的技术或工艺、采用新的管理和组织形式等。从世界经济的发展经验来看，科学技术的跨越式发展是后发国家追赶甚至超越先发国家的核心方式。

（4）超常规发展。在经济发展过程中，后发国如果仅仅重复先发国所走过的道路，则不属于跨越式发展。为了真正实施跨越式发展，后发国必须突破先发国的常规、渐进的发展模式，采取超常规的发展战略以达到追赶甚至超越先发国的目的。

（5）不平衡发展。德国著名发展经济学家 A. O. 赫希曼（Hirschman，1958）提出非均衡发展战略，认为发展中国家为了实现经济的飞速发展，应当尽量使有限的资本发挥出最大效果，即把资本投入到联系效应最大的部分上，如一国的工业部门。同理，跨越式发展不是全面、平行的推进，它实施的是一种不平衡发展战略。即先针对重点行业和领域，在重点地区率先进行突破，当其经济发展达到一定水平之后，再以此为基础带动其他行业、领域及地区的迅速发展，最终实现国家整体经济发展水平的跃升。

一 西部跨越式发展的可行性和理论根据

发展始终是建设中国特色社会主义的根本任务，是我们党执政兴国的第一要务，只有发展才能解决中国现实中存在的各种问题。而实现经济社会的跨越式发展，是西部欠发达地区发展的必由之路，也是西部经济社会发展的顶层规划、战略规划。有人觉得跨越式发展只是一个政治口号，或者认为跨越式发展就是一味强调快速发展、总量扩张，甚至觉得它是违背科学发展观的。那么，究竟什么是跨越式发展？西部跨越式发展有没有科学理论依据？

首先应该明确，"跨越式发展"是一个有理论根据的科学概念。这一概念来源于马克思主义经典作家。马克思主义经典作家认为，世界市场开放后，各个民族相继开启了工业化进程。在这一过程中，后发国家的经济发展依赖于先发国家，但其自身也有可能突破常规，实现对先发国家的快速赶超。1882年俄文版《共产党宣言》的序言中写道，欧洲移民促使美国工业的快速发展，这种发展对欧洲工业的垄断地位带来了巨大的挑战。马克思也曾经提出："工业较发达的国家向工业较不发达的国家所显示的，只不过是后者未来的景象。"[①] 20世纪初时列宁也认为，由于经济发

---

① 张雷声：《马克思主义不发达经济学论纲》，《信阳师范学院学报》2000年第1期。

展越来越不平衡,后发的资本主义国家有能力采取超常规的发展战略,追赶甚至超过先发的资本主义国家。今天我们所讲的跨越式发展,可能更多的是从经济学角度讲。在我国,"跨越式发展"最早由清华大学学者胡鞍钢于1999年提出,其主要依据源于20世纪80年代西方学者提出的新经济增长理论和世界银行总结的韩国发展模式。

事实上,西方学者对跨越式发展问题已经作了很深的理论研究。美国著名经济史学家沃尔特·怀特曼·罗斯托(Walt Whitman Rostow)在《经济增长的阶段》一书中指出,经济发展存在跨越性。他认为,在传统社会和现代社会之间存在着一个特殊阶段:多个工业部门的发展速度将突破常规,由此导致国家经济将偏离原来的渐进式发展,转为相应的跨越式发展。美国哈佛大学著名经济史学家亚历山大·格申克龙(Alexander Gerchenkron)则通过对19世纪德国、俄国和意大利等比较落后的工业化国家的经济发展历史进行分析,提出了著名的后发优势理论:后发国家一方面面临着国际国内的压力,使其具有发展本国经济、摆脱落后现状的内在动力;另一方面可以利用自己的有利地位向先进国家进行学习,加之制度因素、技术因素对落后国家经济发展的促进因素更大,因此若一国经济越落后,其工业就越具有高速发展的潜力。

西方学者提出的这些理论观点有一定道理,对我们也有启发和借鉴意义。但是,我们现在讲的跨越式发展,其理论依据并非西方经济学理论,而是科学发展观。科学发展观并不是一味否定快速发展,更不是不要发展。相反,科学发展观的第一要义就是发展。当然,科学发展观讲的发展,是又好又快的发展,是以人为本的发展,是全面协调可持续发展。可见,否定快速发展,并不符合科学发展观,而跨越式发展强调快速发展,也不能说是违背科学发展观的。当然,我们所讲的跨越式发展,本身也包含了科学发展的丰富内容。2000年10月《中共中央关于制定国民经济和社会发展第十个五年计划的建议》提出:以信息化带动工业化,发挥后发优势,实现社会生产力的跨越式发展;按照有所为、有所不为的方针,总体跟进,重点突破,提高科技持续创新能力,实现技术跨越式发展。[①] 2001年《政府工作报告》中也曾提出:国际环境既对我们提出了严峻挑

---

① 《"十二五"规划》。

战,也为我们提供了迎头赶上、实现跨越式发展的历史性机遇。① 据统计,"十二五"期间,全国中西部几乎所有的省、区、市都提出要实现"跨越式发展"。

二 西部跨越式发展的科学定义

西部跨越式发展,是指西部地区在现有经济社会发展状态下,运用新技术或通过一系列改革,在相对较短的时间内完成常规经济较长时间内才能完成的经济目标,实现经济的超常规、跳跃式发展。

《中国西部经济发展报告(2011)》指出,"十一五规划"期间,西部经济一直呈现快速增长态势,持续高于全国平均水平,经济实力日益增强,人民生活水平逐步提高。2006—2010年西部地区地方生产总值平均增速为13.9%,比全国平均增速高0.9个百分点,比东部和中部地区高1.3个和0.7个百分点。除2006年增速略低于全国平均增速外,其他年份增长率均高于全国,是各大区中最高的。与此同时,西部地区的地方生产总值占全国的比重逐年提高,5年间其所占的比重分别为17.11%、17.33%、17.58%、18.14%、18.33%、18.68%。

面对西部地区高速发展的经济实力,要实现跨越式发展,大体包含以下基本要求:一是快速发展,即在遵循发展规律的前提下,用尽量短的时间,缩小与发达地区的差距,甚至赶上和超过发达地区。二是高水平发展,即不搞低水平重复建设和粗放式外延扩张,而是依靠科技进步和制度创新,实现高水平、高质量的集约发展。三是超常规发展,即发挥后发优势,突破传统发展模式和传统体制机制的弊端,依靠创新驱动超常规发展。四是非均衡发展,即不追求遍地开花、平行推进,而是抓住关键行业、领域、地区和环节,实行重点突破。五是可持续发展,即不是以牺牲资源、环境为代价,片面追求所谓的发展,而是实现经济与人口、资源、生态、环境相互协调、具有可持续性的绿色发展。六是共建共享式发展,即不是以社会分化为代价,而是城乡融合、区域协调、共同富裕,共建共享发展成果。

正是从这个意义上讲,西部所提出的跨越式发展,不是简单追求指标的高速度,而是按照科学发展的要求,推进经济总量规模迈上新台阶,经济发展质量跃上新层次,发展方式转变取得新突破,提升西部在全国的经

---

① 2001年《政府工作报告》。

济地位。其核心内涵体现在以下五个方面：一是规模总量的跨越；二是发展方式的转变；三是产业竞争力的提升；四是初步构建促进西部地区赶超的重要战略支点；五是在全面建设小康社会方面取得新进展。

因此，西部地区必须借助于国家政策的优惠扶持力度，通过自身努力不断缩小与中东部地区的经济差距；在目前技术水平相对落后于中东部地区状况下，不断引进高素质人才队伍，努力提高自身教育文化水平，增加产品科技含量，提倡产品创新能力，走集约型发展道路，统筹社会经济发展，实现人与自然的和谐发展，着力提高西部综合竞争力，从总体提高经济发展实力，实现跨越式发展目标。

第二节 体制建设是西部经济社会发展的关键

一 体制建设的作用

"体制"，从管理学角度来说，指的是国家机关、企事业单位的机构设置和管理权限划分及其相应关系的制度。有关组织形式的制度，是指上下之间有层级关系的国家机关、企事业单位的关系。[1] 体制为基本制度服务。与基本制度的稳定性不同，体制具有相当的灵活性。体制将生产力、生产关系和上层建筑联系在一起，充当三者之间的桥梁作用。

经济体制是指在一定区域内（通常为一个国家）制定并执行经济决策的各种机制的总和。[2] 它代表了一国经济的管理形式和组织方式，描述了一国经济的生产、流通、消费是如何进行的。宏观上的经济体制描述的对象是整个国民经济，而微观上的经济体制则包括各行各业、各个企业的组织形式等。

邓小平同志提出发展才是硬道理的观点，鼓励"先做游戏、后定规则"。在他的指导下，我国的经济建设取得了巨大的进步。但总的来说，

---

[1] 百度百科：http://baike.baidu.com/link?url=hcI4UCvOGrdDwQ7paSoy-m-7X5apz5fC7Wfml_C7XgL_lHaxF6I-ZumRPWaCZ6ykc0D9ioAz_I6J52DE1EnZ1K。

[2] 百度百科：http://baike.baidu.com/link?url=OZ8-NiYIZ4Tqdu0fu0ly9rn0ORYcm44v4Y1vyV3wD3CP2Y7el8eDT46jM8Wv_Nj79yjoFLaQYTDJiAzYGxgza_。

经济体制的建设仍然是不可或缺的。经济作为社会物质基础部分，改革可以从基层开始，局部的变动是可控的，在一个渐进的过程中是不足以影响全局的。正是因为邓小平同志先行设计出了我国经济运行的基本框架，改革才可能成功，深圳才能有今天这样好的发展。

二 体制建设是西部跨越式发展的重要支撑

近几年来，西部地区的资源、能源优势在国际市场上的竞争力正逐渐减弱，低成本的竞争优势正逐步丧失。根据历史经验来看，过分依赖自然资源最终会导致资源的枯竭，经济的可持续发展难以为继；而由于市场环境的多变性，单一的产业结构往往难以支撑经济的长期发展。因此，在世界经济全球化的大背景之下，西部地区以资源消耗为主导的经济发展战略面临着严峻的挑战。这种发展战略虽然在短时间之内能够使经济增速有一个迅速的提高，但长期来看，地区经济将由于资源的耗竭而面临衰退。现实表明，市场竞争优势的核心来源于创新，包括制度创新、技术创新、管理创新等。所以，西部的发展应该转变思路，应深化社会主义市场经济体制改革，通过制度的创新来从"资源开发"转为"市场导向"，保持经济的可持续发展。

西部大开发战略的实施使我国西部地区有了长足的发展，经济总量和人民生活水平都有了非常大的提高。但是与东南沿海发达地区相比，西部地区的经济发展质量还存在着明显的差距。由于基础设施差、科技落后、教育水平不高等原因，多年来西部地区的经济发展是以自然资源的消耗为代价的。面对自然资源的日益枯竭和生态环境的急剧恶化，西部地区的经济发展模式需要进行改变。要改变经济发展的模式，首先就必须建立良好的经济体制，推动科技创新，用科技来代替物质资本，以技术来提高要素的使用效率。

以体制创新推动西部经济社会跨越式发展。近些年，我国政府对西部地区的支持力度逐步加大，使得西部地区的基础设施建设有了很大发展，生态环境的恶化也得到了有效的抑制。西部地区要充分遵循经济发展的客观规律，转变发展的观念，在创新的基础之上利用好自身的比较优势。西部地区的跨越式发展需要与科学技术为基础，吸收国内外先进的技术成果，推动高新技术产业的发展，以科技来增强自身在国际市场和国内市场上的竞争力；要大力发展现代农业，借鉴现代工业生产方法，走"公司＋科技＋农户"的路子，发展规模农业和特色农业。要注重农产品加工和深加工，采用国际标准，提高产品质量，争创知名品牌，并与世界大型物流企业合作，把产品推到国际市场。要加快军转民步伐，通过体制创新，促进军民结合和军工科研成果转化，使军工企业与民用经济互相支持，协调发展。

第三节 西部经济社会跨越式发展的机制和制度建设

一 机制和制度的联系和作用

制度与生产力水平相适应，从宏观上看它反映了一个社会的价值取向，包括政治制度、经济制度、文化制度等；从微观上看，它代表了各种社会组织的运行规则，如教育制度、法律制度等。经济基础决定上层建筑，因此制度的产生与一国或地区的经济发展水平有着紧密的联系，不同的生产力水平决定着不同的制度。

体制与机制比较容易混淆。根据《辞海》的解释，"体制"是指国家机关、企事业单位在机制设置、领导隶属关系和管理权限划分等方面的体系、制度、方法、形式等的总称；"机制"原指机器的构造和运作原理，借指事物的内在工作方式，包括有关组成部分的相互关系以及各种变化的相互联系。① 体制和机制都包含在制度的范围之内，体制和机制在发生作用时需要以制度为基础，而制度的发展与改进又会受到体制和机制的内在影响。

二 机制和制度建设的现状

2010年5月，《国务院办公厅关于进一步支持甘肃经济社会发展的若干意见（国办发［2010］29号）》指出，甘肃省是我国西北地区重要的生态屏障和战略通道，在全国发展稳定大局中具有重要地位。改革开放特别是实施西部大开发战略以来，甘肃省经济社会发展取得很大成就，正处在加快发展的重要阶段。由于自然、地理、历史等原因，甘肃经济社会发展还面临许多困难和问题，与全国的差距仍在拉大，需要国家给予支持。② 为进一步支持甘肃经济社会发展，提出十条意见和四十七个方面：

---

① 《辞海》，光明日报出版社2002年版。
② 《国务院办公厅关于进一步支持甘肃经济社会发展的若干意见》，2010年5月。

（一）支持甘肃经济社会发展的总体要求

（一）充分认识支持甘肃经济社会发展的重要意义。（二）指导思想。（三）基本原则。（四）战略定位和重点发展战略。（五）发展目标。

（二）优化空间布局，促进区域协调发展

（六）大力支持兰（州）白（银）核心经济区率先发展。（七）着力推动平（凉）庆（阳）、酒（泉）嘉（峪关）经济区加快发展。（八）全面促进区域功能组团协调发展。按照"功能定位、合理布局，组团发展、整体推进"的原则，重点打造一批区域功能组团。

（三）加强基础设施建设，消除发展"瓶颈"制约

（九）公路建设。（十）铁路建设。（十一）民航建设。（十二）水利建设。（十三）城镇基础设施建设。（十四）加大基础设施建设投入。

（四）加强生态建设和环境保护，构建西北地区生态安全屏障

（十五）加大祁连山冰川和生态系统保护力度。（十六）加快石羊河、黑河、疏勒河流域综合治理。（十七）实施甘南重要水源补给区生态恢复与保护。（十八）推进黄土高原地区和陇南山地水土流失综合治理。（十九）加强环境保护治理力度。

（五）夯实农业发展基础，加快建设社会主义新农村

（二十）大力发展旱作节水农业。（二十一）突出发展特色优势农业。（二十二）强化农村基础设施建设。（二十三）积极发展县域经济和劳务经济。

（六）加大扶贫开发力度，尽快改变贫困地区落后面貌

（二十四）甘南、临夏少数民族地区。（二十五）定西、陇南等特殊困难地区。（二十六）革命老区。（二十七）加强扶贫开发工作。

（七）加快发展社会事业，着力保障和改善民生

（二十八）优先发展教育。（二十九）完善城乡医疗卫生服务体系。（三十）大力发展文化体育事业。（三十一）加强就业和社会保障。

（八）大力推进能源基地建设，增强经济发展后劲

（三十二）加快陇东煤电化建设。（三十三）大力发展河西新能源。（三十四）提升油气资源开发利用能力。（三十五）加强电网建设。

（九）大力发展特色优势产业，推进产业结构优化升级

（三十六）全面提升有色冶金产业。（三十七）做大做强装备制造业。（三十八）支持老工业基地转型升级。（三十九）大力发展循环经济。（四

十）积极发展战略性新兴产业。（四十一）扶持壮大文化产业和旅游产业。（四十二）加快发展现代服务业。

（十）深化体制改革，提高对内对外开放水平

（四十三）加快体制机制创新。（四十四）深化水资源管理体制改革。（四十五）完善土地和矿产资源政策。（四十六）加大人才开发力度。（四十七）积极扩大对内对外开放。

20世纪50年代，毛泽东同志在《论十大关系》中明确提出要处理好沿海与内地的关系，平衡工业布局，大力发展内地工业。在这一战略思想指导下，国家掀起了开发与建设西部的两次高潮。"一五"和"二五"时期，国家集中力量在西部地区布局了一批钢铁、煤炭、电力、机械等重大项目，组织了大规模的农业开发，西部地区长期荒凉贫困状况开始改变。"三线"建设时期，国家在西部地区建设重要铁路、公路干线，统建、迁建了一批国防军工项目，奠定了西部地区的工业基础。

20世纪80年代，邓小平同志提出"两个大局"战略构想。根据这一构想，沿海地区大力推进改革开放，经济实力迅速上升，实现了率先发展。同时，国家组织开展了东西部对口支援，加大了扶贫开发力度，增加了西部地区基本建设投资，为实现第二个大局创造了条件。

进入21世纪以来，2000年1月，中共中央国务院转发国家发展计划委员会《关于实施西部大开发战略初步设想的汇报》（中发［2000］2号），明确了实施西部大开发战略的指导思想、奋斗目标、主要任务及保障措施。这一重大举措，反映了国内外形势变化的趋势，顺应时代发展潮流，把握经济社会发展客观规律，拉开了西部大开发序幕。2000年颁发的《国务院关于实施西部大开发若干政策措施的通知》（国发［2000］33号）标志着西部大开发战略正式进入实施阶段。这份文件对西部大开发的意义做了这样的阐述：实施西部大开发战略，加快中西部地区发展，是我国现代化战略的重要组成部分，是党中央高瞻远瞩、总揽全局、面向新世纪作出的重大决策，具有十分重大的经济和政治意义。文件提出了西部大开发的重点任务和战略目标并指出了当前和今后一段时期，实施西部大开发的重点任务是：加快基础设施建设；加强生态环境保护和建设；巩固农业基础地位，调整工业结构，发展特色旅游业；发展科技教育和文化卫生事业。力争用5—10年的时间，使西部地区基础设施和生态环境建设取得突破性进展，西部开发有一个良好开局。到21世纪中叶，要将西部地区建成一个经济繁荣、

社会进步、生活安定、民族团结、山川秀美的新西部。同时，该文件对增加资金投入、改善投资环境、扩大对内对外开放、吸引人才和发展科技教育四大方面的国家政策做了原则性的规定。"33号文件"是西部大开发的基础性文件，对西部大开发有着重要和长期的指导作用。

2001年9月29日，国务院转发了西部开发办《关于西部大开发若干政策措施实施意见》（国办发〔2001〕73号），该文件对"33号文件"做了进一步细化，在建设资金投入力度、建设项目、财政转移支付、金融信贷支持、投资软环境、税收优惠政策、土地优惠政策、矿产资源优惠政策、价格和收费机制、外商投资领域、利用外资渠道、利用外资条件、发展对外经济贸易、地区协作与对口支援、吸引人才、科技主导、教育投入、文化卫生事业18个方面提出了具体优惠政策和意见。

2004年3月11日，《国务院关于进一步推进西部大开发的若干意见》（国发〔2004〕6号文件）发布，表明西部开发进入一个新阶段。在这份文件中，对西部开发的战略意义有了更深刻的认识，积极推进西部大开发，有效发挥中部地区综合优势，支持中西部地区加快改革发展，振兴东北地区等老工业基地，鼓励东部有条件地区率先基本实现现代化[1]，促进区域经济协调发展，是全面建设小康社会和完善社会主义市场经济体制的重大举措。

国务院和有关部门陆续出台一系列深入推进西部大开发的配套政策和文件，包括西部大开发"十五"规划至"十二五"规划。据不完全统计，实施西部大开发以来，先后出台的以西部大开发为主要内容的政策性文件215个，其中由中央和国务院下发的27个，国务院部门下发的108个，省级政府发布的配套政策文件80个，为西部大开发战略实施奠定了坚实的政策基础。

第四节 国内外跨越式发展的经验

在世界经济发展历史进程中，后发国家或地区通过跨越式发展在短时间内完成由较低生产力向较高生产力的转变并最终赶超发达国家或地区的

---

[1] 2003年中共十六届三中全会。

例子比比皆是，例如，美国在1871—1913年在经济和科学技术上完成对英国的全面赶超；第二次世界大战后的日本在1955—1992年间抓住科学技术的突破实现了对美国的追赶；20世纪80年代以来韩国、新加坡、中国香港和中国台湾积极利用外资，引进吸收国外先进的技术和制度，在30—40年内经济发展突飞猛进，迅速缩短了与发达国家之间的差距；改革开放以后中国沿海地区的跃进发展等。它们共同的特征都是借助现代科学技术的助推力，加快经济结构的优化升级，以超常规的方式直达较高的技术层次，进而带动经济的迅速增长。

一　日本的跨越式发展

第二次世界大战以后，日本迅速从一片废墟中重建为世界瞩目的经济大国和技术大国。通过分析总结日本战后经济高速增长的背后原因，可以对我国西部地区的跨越式发展提供启发和借鉴。

第一，日本成功实施跨越式发展的关键在于选择了正确的发展战略。战后初期，日本经济和社会都处于崩溃边缘。资本存量水平低，技术水平严重落后，加之日本国土面积狭小，国内自然资源贫乏。但是，当时日本的劳动力比较充裕，面对这样的生产要素禀赋状态，日本遵循比较优势的战略快速发展，选择了劳动密集型的工业化道路，同时，日本政府也采取了相应的措施，引导企业进入具有比较优势的产业，如纺织、服装等轻工业。除了有效利用自身的外生比较优势外，日本还注重积累自己的内生比较优势，适时推动产业结构升级。20世纪60年代，日本已经完全恢复了经济，其资本存量有了大的增长。面对这样的生产要素禀赋状态，日本政府采取相关的政策推动产业结构由劳动力密集型产业向资本密集型产业转变，从而使日本经济获得了新的高速增长。

第二，日本成功实施跨越式发展的基本因素在于政府的推动作用。首先，日本政府抓住第三次科技革命的机遇，大量吸收引进欧美国家先进技术和先进制度，推动实施现代化、产业化的发展战略。其次，日本政府利用宪法提高国民的民主权利，并大力保障居民的私有财产权不受侵犯，大大提高了国民的生产积极性。最后，日本政府适时实施制度改革，如其建立的终身雇佣制、工资制等对日本的工业经济产生了促进作用。除此以外，健全的社会保障制度和完善的金融体制也使日本企业获得了好的发展环境。

第三，日本成功地实施跨越式发展的重要因素在于教育制度的改革创新。战后日本出台了一系列具有创新性的法规,如1949年借鉴美国经验颁布了《教育职员许可证法》,1971年出台了《关于今后学校教育的综合扩充与整顿的基本措施》;除了出台相应的教育法规外,日本对教育的投入也逐年加大,1993年日本的教育经费支出占GDP的比重高达8.2%。对教育发展的重视使日本国民素质得到了极大的提高,为日本经济发展打下了坚实基础。

第四,日本成功实施跨越式发展的核心因素在于科技创新。日本之所以只用了20多年就完成了现代工业体系的建设能够在20世纪70年代中期赶上世界先进水平,其根本原因就在于日本大力引进和改革国外先进的科技成果,在节省了大量用于研发的人才物力的同时,大大缩短了日本赶超世界先发国家的时间。据估计,1950—1981年,日本总计引进38000项先进技术和设备,花费约为133亿美元。① 进入21世纪以后,日本的科技发展战略从"科技模仿"转向"科技创造",更加强调自主创新的重要性。

第五,日本成功实施跨越式发展的重要推动力还在于文化方面的改革和创新。明治维新之后,日本深受西方文明的影响,一方面积极向西方国家靠拢,另一方面也在借鉴的基础之上形成自己独特的岛国文化。企业内部的信息共享机制的形成,实现了企业内部的相互协作,由此提高了企业的经营效率。

二 联邦德国的跨越式发展

第二次世界大战后德国百废待兴,但令人惊讶的是,联邦德国在20世纪50年代就实现了经济飞速发展,其1952—1958年的国内生产总值年均增长率高达7.6%,远高于同期的英国、美国等国家,使得联邦德国在50年代末就成为世界上的经济强国,创造了举世瞩目的经济奇迹。联邦德国的经济繁荣还体现在产业结构的调整和优化上。第一产业产值的比重逐年下降,第二、第三产业的比重不断增加。加之联邦德国农业劳动生产率逐渐提高,其农村剩余劳动力则陆续向第二、第三产业转移。剩余劳动力大量流向城市,使得联邦德国在城市的恢复和重建方面取得了显著的成就。除了经济实现腾飞以外,联邦德国还保持了就业的稳定,逐年减少失业人口,而就业人员的收入则逐年增加,进而导致居民的购买力明显增

---

① 王德侠、刘昆福:《战后日本跨越式发展的经验及借鉴》,《环球经济》2007年第6期。

强,居民的生活水平逐步提高。对联邦德国50年代的经济奇迹进行分析,可以发现其经济高速增长主要有以下原因:

第一,联邦德国具有丰富的人力资本。根据有关估计,到1961年柏林墙建立之前,大约有1000万难民和俘虏来到西部,其中有就业能力的人口约占60%。对于战后急需恢复和发展经济的联邦德国而言,这1000万人成了非常宝贵的财富。在这支就业大军中,有相当一部分人具有较高的文化水平和专业素养。例如1954—1961年中总计有34000名教师和工程师、8000名司法人员、6000名医生和药剂师以及750名教授前往联邦德国。[1]

第二,实施与国情相适应的经济管理体制,采取了既有市场,又有计划的做法。为了更好地处理国家与市场之间的关系,联邦德国依据本国国情做出了重要尝试。首先,对涉及国计民生的、具有战略意义的经济部门,如铁路、公路、邮电等实行国有化或由国家控股、参股,为经济发展创造良好的基础条件。其次,扶持农业、建筑业等,并大力扶持中小企业,以此增强联邦德国的出口企业在国际市场上的竞争力。再次,放开价格,实行自由竞争,为经济发展注入活力,如废除价格规定、取消土豆配给制等。最后,制定卡特尔法,防止生产的垄断化,避免财富过分集中。

第三,实行稳定的社会福利政策:联邦德国从经济过程的各个方面保护人的利益,保证了社会安定,为经济持续增长提供了良好的社会环境。首先,联邦德国实施充分就业政策,并持续改善就业结构。其次,出台相关法律法规,确定最低工资,充分保障劳动者的收入。再次,在采矿冶金等行业中实行劳动者参与制,规定持股人的代表与工人代表按同等数量参与企业决策。最后,逐步完善社会保障体系,保障劳动者的切身利益,对职工、失业、老年、伤残等保险不断进行改进和完善,为其提供多方面保护。

第四,强调科学、教育在经济发展中的作用。第二次世界大战结束后,联邦德国把科教兴国强国定为基本国策。随着自身经济实力的不断增强,联邦德国对科教的投入逐步增加。1950—1960年联邦德国教育支出在整个国家支出的比重高达10.7%—12.6%。[2] 联邦德国非常重视科技

---

[1] 卡尔·哈达赫:《二十世纪德国经济史》,商务印书馆1984年版,第117页。
[2] 同上书,第227页。

的基础研究和应用研究，并关注国民的素质教育。

三 韩国的跨越式发展

60年前，韩国的国内生产总值不如一个非洲国家，经过60年的发展，韩国的国内生产总值增加了740倍，比50多个非洲国家的总和还多。韩国之所以能够在如此短的时间内实现经济社会的跨越式发展，一个主要原因在于其牢牢把握住了发展机遇。

第一，发挥比较优势，发展劳动密集型产业。20世纪60年代，发达国家的劳动密集型产业开始走下坡路。韩国政府适时调整发展政策，凭借其劳动力的低成本优势，大力发展轻工业，将产品销往国外市场。此外，为了缓解国内就业压力，韩国还向海外派遣矿工和护士等，劳务出口为韩国带来了丰厚的经济利益。

第二，与日本建交，获取资金技术。1965年，韩国与日本签订了《韩日基本条约》，得到了日本的资金支持，也引进了原始的生产技术，并以此为基础构建了机械制造和钢铁冶炼的基础设施，来自日本的资金技术对韩国钢铁、汽车、电子等企业的发展产生了巨大的推动作用。

第三，对外开放，融入国际市场。1973—1978年，韩国先后与沙特、约旦、黎巴嫩、科威特等多个中东国家签署了基础设施建设合同，派遣大量韩国工人到国外从事建筑活动。[①] 凭借自身的进取精神，韩国工人获得了世界的广泛认可，也使得韩国逐渐与西方国家建立了更深的联系。苏东剧变后，韩国纷纷与社会主义阵营的国家建交，韩国企业开始向这些国家拓展业务，这为韩国经济社会的发展带来了巨大利益。

四 新加坡的跨越式发展

新加坡从1965年建国到2001年，年均GDP增速达到了8.7%，成为全世界发展速度最快的国家之一。2001年其人均GDP达到25000美元，排在世界前10位。仅仅用了30多年的时间，新加坡就从一个殖民地变为世界上的发达国家，其在跨域式发展道路上的成功经验值得学习借鉴。

第一，建立市场经济体制。新加坡政府倡导公平竞争、市场化运作的管理理念，为市场机制的形成提供法律保障，维护公平开放的市场环境。新加坡政府还以市场方式提供基础设施，对商业服务设施进行完善，以此来吸引资金和技术的流入。在大力构建市场经济体制的同时，新加坡政府

---

① 朱克川：《韩国：抢抓机遇成就跨越式发展》，《经济参考报》2013年1月10日。

也会进行适宜的宏观调控，比如制定合理的发展规划，对一些关键部门的发展进行直接控制。

第二，把握机遇，适时推动经济结构的优化调整。20世纪60年代，利用发达国家向发展中国家转移劳动密集型产业时机，新加坡提出了工业化发展战略，吸收了美国、欧洲等国家转移出来的资金技术，大力发展劳动密集型产业。七八十年代抓住发达国家转移资本密集型产业的机遇，提出进行"第二次工业革命"的发展战略，一方面对传统产业进行改造和提升，另一方面大力发展高技术、高工艺的新兴工业，实现工业的现代化。90年代又利用经济全球化的发展机遇，成功吸引了大批外国企业，不仅带来了大量的资金和技术，还带来了先进的管理经验及具有国际视野的人才，以此实现了工业的国际化。

第三，重视教育，强调人力资源的开发。教育是国家发展的直接动力，是经济飞速发展的重要基础。因此，新加坡政府制定了教育为本的基本国策，强调基础教育和技术教育，增加对高等教育的投入。

第四，保持政府的廉洁高效，坚决打击贪污腐败。新加坡政府积极倡导依法治国理念，努力建立法制化国家。为了保持政府廉洁高效，新加坡制定了《反贪污法》、《公务员法》等，以此规范政府官员的行为；并且成立了贪污调查局，对政府官员的贪污腐败行为进行严格的调查。

五 深圳的跨越式发展

自深圳特区成立以来，其经济取得了飞速发展。1979年，深圳全市生产总值为1.96亿元，而2010年则增长至9510.93亿元，年均增速高达33.03%，高出我国同期国内生产总值年均增速（16.15%）近17个百分点，创造了一个经济奇迹。除去经济发展以外，深圳城市化水平提高速度也非常快。1980年深圳市城市化水平为23.9%，仅比全国平均水平高4.5%，而2007年深圳的城市化水平已经达到了100%，大大高出全国水平。

第一，依靠地理位置的优势，吸收来自香港的资本，并从香港引进先进技术和管理经验，积累了经济发展所必需的资金、技术、人才、管理等稀缺资源。加上香港使得市场经济非常发达，市场运作非常规范，深圳抓住机会，学习香港成功的市场经济体制和经济发展经验，以此指导自己发展的方向。

第二，大力发展对外贸易，带动整体经济发展。深圳经济的发展主要是靠外商投资推动的。根据有关计算，深圳经济特区全社会固定资产投资额、国内生产总值变化与实际利用外资额具有明显的一致性。[①] 深圳充分发挥其"窗口"作用，其外向型经济非常发达。1980 年深圳的进出口总额仅为 0.17 亿美元，占全国比重只有 0.05%，但 2007 年深圳的进出口总额则达到 2875.33 亿元，占全国比重高达 13.23%。

第三，坚持市场取向改革。深圳经济特区成功的关键在于其正确处理了计划与市场的关系，始终坚持市场取向的改革。深圳在改革之初就确定了市场取向的改革，让市场在资源配置过程中发挥重要作用，大大解放了被传统计划经济体制所束缚的生产力。虽然深圳在改革过程中遇到了很多困难，但其牢牢坚持了改革的市场取向，并最终取得了成功。

第四，适时推进产业结构的优化调整。深圳产业结构的优化调整带有强烈的赶超色彩。最初，深圳的主导产业为劳动密集型的加工制造业。随着工业化进程的不断推进，深圳市开始大力发展电子制造业、生物产业、新能源产业等技术密集型产业。深圳市政府也出台了一系列相关法律法规，为深圳市发展高新技术产业创造了有利的政策环境，有效促进了深圳市产业结构的优化调整。从传统的劳动密集型产业转变为技术密集型产业，深圳完成主导产业的优化调整仅用了 15 年左右的时间，比韩国、中国台湾等国家和地区少用了将近 5 年时间。

六　启示

经济发展的内在规律是可以借鉴的，西部地区各省份可以综合对日本、联邦德国、韩国的跨越式发展成功的经验，得到以下启发：

第一，强调制度的改革和创新。改革开放的经历告诉我们，传统的、不适宜的体制会制约生产力的发展，只有不断进行改革创新，才能更加适应不断发展的生产力的需求。目前，我国在制度建设和体制创新方面仍然有非常大的空间，如健全和完善市场机制、改革收入分配制度、完善社会保障体系、消除城乡二元结构、转变政府职能等，在这些方面的改革和创新将对企业和公众的生产积极性产生巨大促进作用。

第二，实施科技兴国、人才强国战略。人才是经济发展的关键性因素，经济社会的跨越式发展需要人才作为支撑。西部地区应更加注重培养

[①] 李红锦：《深圳经济特区的实践及其启示》，《纪念中国经济特区建立 30 周年学术研讨会论文集》，2010 年 7 月。

创新型人才，更新传统的教育理念，推动教育体制改革，重视学生的个性发展。

第三，培育自主创新能力。随着新科技革命的迅速发展，科技在生产过程中的作用越来越大。国家之间的竞争从根本上来说是其科技实力的竞争。自主创新是科技发展的源泉，我们不能仅仅满足于引进和吸收国外先进技术，而应该依靠自己的力量，把核心技术掌握在自己手中，才能够获得经济发展的长久动力。

第四，发挥比较优势，完善资源密集型产业建设。西部地区拥有较为丰富的矿产资源，开采过程中如果能够提高矿产资源的利用率，既能充分发挥矿产资源的效能，又能减少对资源的破坏，为经济社会发展提供动力。面对日益枯竭的矿产资源，西部地区更应该积极转变生产思路，淘汰落后产能，提高资源利用效率，实现经济发展方式的转型升级。

第三章 西部经济社会发展状况（2000—2012）

第一节 西部基本概况

一 经济总量飞速增长

2000年10月，中共十五届五中全会通过了《中共中央关于制定国民经济和社会发展第十个五年计划的建议》，决定发行长期国债14亿元，把实施西部大开发、促进东西部地区协调发展作为一项战略任务。自2000年以来，西部地区以经济建设为中心，国民经济发展保持良好势头。2012年，西部地区[①]生产总值达到113904.8亿元，是2000年，（16654.62亿元）的6.84倍。按可比价格计算，2000—2012年12年间西部地区生产总值平均增速达到了12.5%（见图3-1）；人均地区生产总值从2000年的4687元增加到2012年的31357，增长了5.69倍，按可比价格计算，12年间年均增速达12.2%。

2000—2012年12年间，西部大开发的两个"五年计划"对西部地区经济发展起到了重要的推动作用。2005年，西部地区生产总值已达到33571.9亿元，与2000年的总量相比翻了一番；人均地区生产总值9347.78元，比2000年接近翻一番；地方财政收入达到2464.82亿元，比2000年（1127.29亿元）翻一番；全社会固定资产投资和社会消费品零售总额分别达到17645.04亿元和11580.5亿元，进出口总额接近492.5

[①] 根据2010年《中国科技统计年鉴》划分，东部地区包括北京、天津、河北、辽宁、上海、江苏、浙江、福建、山东、广东和海南11个省市区；中部地区包括山西、吉林、黑龙江、安徽、江西、河南、湖北和湖南8个省市区；西部地区包括内蒙古、广西、重庆、四川、贵州、云南、西藏、陕西、甘肃、青海、宁夏和新疆12个省市区。

亿美元，非农产业增加值占地区生产总值的比重达到82.3%，非农产业就业比重45.2%，城乡居民人均收入分别达到8783.17元和2378.91元。

从图3-1可以看出，"十一五"期间，西部地区经济增长速度明显加快，2005年以来的GDP增速均在12.5%以上，2007年更是达到了14.5%。"十一五"期末的2010年西部地区生产总值已达到81408.8亿元，是2005年的2.42倍。全社会消费品零售总额和社会固定资产投资分别达到27332.45亿元和61892.23亿元，进出口总值达到了1284亿美元，非农产业增加值比重占地区生产总值的比重达到了86.85%，2010年，西部地区工业增加值为34348.74亿元，占西部地区生产总值的42.2%。规模以上工业企业总产值达到了90905.2亿元。城乡居民人均收入分别达到15806.49元和4417.94元，与2005年相比分别增长了80%和85.7%，人民生活的总体水平有了比较大的提高。

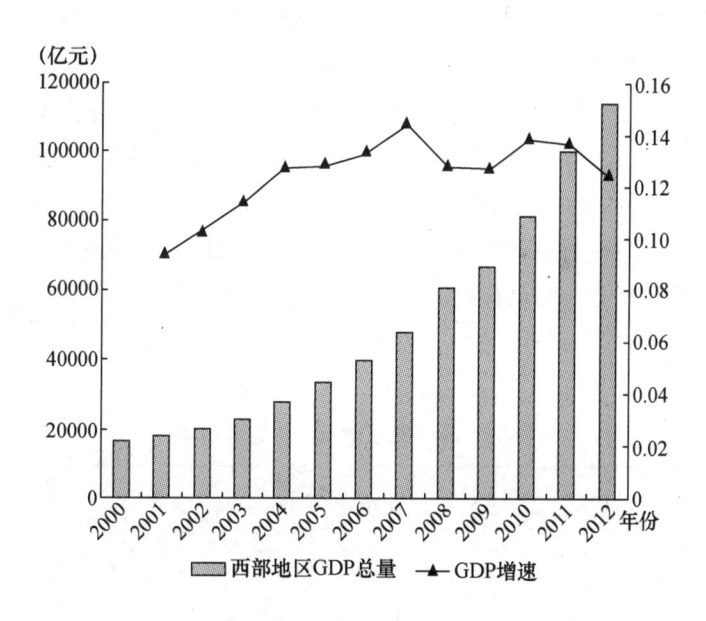

图3-1 西部地区2000—2012年GDP总量

表3-1描述了2001—2010年的"十五"期间和"十一五"期间西部地区主要经济社会指标，从中可以看出，这段时间西部地区的经济发展具有以下特征：

（1）经济增长速度较快。2001—2010年，西部地区生产总值一直保持着较快的增长速度。从 2004 年开始，西部地区的生产总值增速均在 12.5% 以上。

（2）人民生活水平显著提高。2001 年，西部地区人均 GDP 仅有 5006.84 元，2010 年则增加到 22570.05 元。"十一五"期间西部地区城镇人均可支配收入的年均增速为 12.47%，农村人均纯收入的年均增速则为 13.18%。城镇居民恩格尔系数也由 2005 年的 38.13% 下降为 2010 年的 37.73%；农村居民恩格尔系数则由 2005 年的 49.79% 下降为 2010 年的 44%。

（3）人民收入差距缩小的速度较慢。2005 年，西部地区农村城镇人均收入比为 0.271，2010 年变为 0.28，表明西部地区城镇居民和农村居民的收入差距仍然较大，且收入差距的缩小速度也比较缓慢。

（4）科技创新进展较慢。2005 年，西部地区研发支出占 GDP 的比重为 0.93%，2010 年该比重增加为 1.07%，五年时间仅增长了 0.14 个百分点。2010 年，全国研发支出占 GDP 的比重为 1.61%，表明从全国范围看，西部地区研发支出占 GDP 的比重偏低。

（5）经济增长方式转变有成效。2005 年，西部地区万元 GDP 能耗为 1.86 吨标准煤，2010 年则降低为 1.19 吨标准煤，说明西部地区的经济对能源的利用效率逐渐提高，经济增长方式的转变取得了一定的成效。

（6）基础设施逐步完善。2001 年以来西部地区基础设施建设逐步完善。从万人拥有公路里程数这一指标来看，2005 年该指标为 21.73 公里，2010 年则增加到 43.48 公里，五年之间的年均增速达到了 14.88%。

表 3-1　　　　　　2001—2010 年西部地区主要社会指标

指标	2001 年	2005 年	2010 年	"十五"期间年均增速（%）	"十一五"期间年均增速（%）
GDP（亿元）	18248.44	33571.86	81408.49	12.97	19.38
人均 GDP（元）	5006.84	9347.773	22570.05	13.3	19.3
R&D 经费内部支出占 GDP 比重（%）	0.77	0.93	1.07		
城镇居民人均可支配收入（元）	6017.49	8783.17	15806.49	7.86	12.47
农村居民人均纯收入（元）		2378.91	4417.94		13.18
城镇化率（%）		34.56	39.94		

续表

指标	2001年	2005年	2010年	"十五"期间年均增速（%）	"十一五"期间年均增速（%）
城镇居民恩格尔系数（%）		38.13	37.73		
农村居民恩格尔系数（%）		49.79	44		
万元GDP能耗（吨标准煤）		1.86	1.19		
万人拥有公路里程（公里）	19.18	21.73	43.48	2.53	14.88

资料来源：《中国统计年鉴》。

二 经济结构得到了一定的调整

2000—2012年，西部地区不仅在加快经济发展、提高经济总量层面上取得了巨大进步，同时也高度强调经济结构的优化和调整，着力对西部地区产业结构进行调整和优化。从图3-2可以看出，经过12年的结构调整，第一产业比重逐年下降，由2000年的21%调整为2012年的12.6%，第二产业的比重持续增加，由2000年的40.7%增加到2012年的50.1%，第三产业比重的变动相对比较复杂，总体而言呈小幅下降趋势，由2000年的38.3%下降为2011年的37.3%。

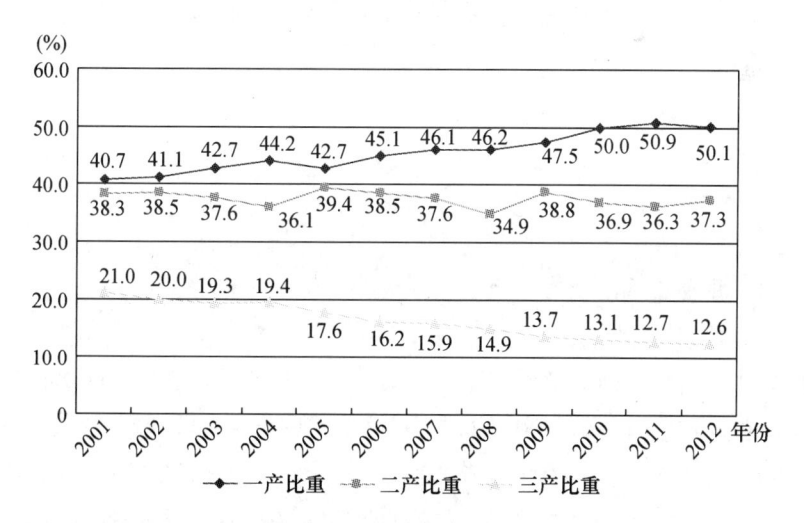

图3-2 2001—2012年西部地区三次产业比重变动趋势

改革开放以来，非国有经济异军突起，凭借其独特的生机和活力成为我国经济增长的新空间，不仅促进了我国经济的快速发展，也增强了我国经济的适应性和竞争力。如图3-3所示，2005年以来，西部地区的私营经济所占比重逐步提高，非公有制经济总量进一步扩张，使得西部地区的所有制结构进一步优化。2005年，西部地区私营工业企业产值比重为21.3%，2011年私营工业企业产值比重则增加到37.9%。表明私营经济已经成为推动西部地区经济发展的一个重要组成部分。

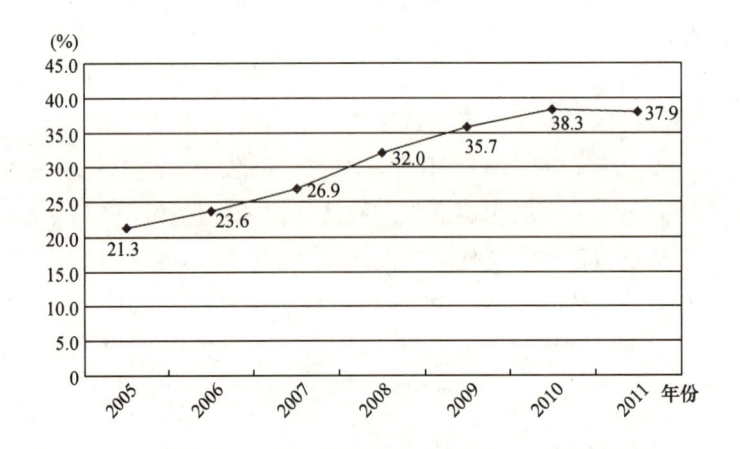

图3-3 西部地区私营工业企业产值比重

第二节 西部地区经济发展动力因素分析

一 经济发展的动力研究

改革开放以来，中国经济保持了30多年的高速发展，经济增长速度平均为9.85%[①]，创造了世界经济发展的"奇迹"。而西部地区借助国家优惠政策及独特的发展优势，取得了经济发展的新突破，经济总量呈逐年递增趋势，经济发展的质量也较之前有明显改善。认真分析过去10年间西部地区经济发展的动力研究，将有助于理解西部地区经济增长的源泉，并为下一步经济增长的路径选择提供必要参考。

---

① 依据《中国统计年鉴》（2013）计算。

经济增长制度内生化模型问题一直是学术界值得深入探讨的话题之一，其稳态性质表明，经济增长在不同国家、不同资源禀赋和不同经济发展阶段下，经济增长动力将存在差异（李富强等，2008）。因此，有关经济增长的动力问题，国内外很多学者从不同角度进行了探讨。新古典增长理论、制度变迁理论以及结构主义发展理论都做出较为详细的解释。以索洛（Solow，1957）为代表的新古典经济增长学派提出，长期的经济增长主要依靠技术进步，并强调资本积累是产生经济增长收敛的原因；而罗默（Romer，1986）、卢卡斯等（Lucas et al.，1988）学者则主张经济增长的推动力是实物资本和人力资本；克拉克（Clark，1940）从产业结构角度，认为产业结构对经济增长具有推动作用；克鲁格曼（Krugman，1994）认为，20世纪60年代东亚国家的经济高速增长主要是依靠资本和劳动，而不是依靠技术进步的作用，并且认为这种投入支撑是不可持续性的。国内方面，李京文（1992）较早利用SNA体系，对我国经济增长进行了分析，实证结果表明，1953—1990年，资本投入对经济增长的贡献占75.07%，劳动投入对经济增长的贡献占19.47%；若从分析经济增长方式的"三驾马车"来看，短期内拉动经济增长的主要动力因素来自于投资、消费、出口三大需求。国内消费对于经济增长的拉动作用保持相对稳定，居民消费的拉动作用是中国经济增长的首要动力，但在经济快速增长时期有不断降低的趋势，投资和出口则相互交替，单独或共同主导拉动了经济的增长。国内消费对于经济增长的拉动作用保持相对稳定，居民消费的拉动作用是中国经济增长的首要动力（刘瑞翔等，2011；刘明，2013），但在经济快速增长时期有不断降低的趋势，投资和出口则相互交替，单独或共同主导拉动了经济的增长；郭庆旺等（2014）指出，中国经济增长并非是出口导向型，近20年的高速经济增长主要依赖投资拉动，支撑中国长期高速增长的"三驾马车"实质上是一种宏观动态结构性均衡。

作为分析经济增长的重要工具，估算全要素生产率有助于进行经济增长源泉分析，为制定和评价长期可持续增长政策提供参考（郭庆旺等，2005）。因此，国内学者更多重视全要素生产率的计算。其中，邓翔等（2004）认为，改革开放以来，中国经济增长源于要素投入和TFP的增加，而投入的增加是近20年来各地区经济起飞的最本原动力；岳书敬等（2006）利用生产前沿函数模型测算了1996—2003年中国30个省区的

TFP增长及其分解。实证表明,生产率增长主要是由技术进步带来的,其中TFP平均增长1.35%,技术进步是1.22%,效率变化是0.16%;而郭庆旺等(2005)认为,1979—2004年全要素生产率增长对我国经济增长的贡献率较低,我国经济增长主要依赖于要素投入增长,是一种典型的投入型增长方式;颜鹏飞等(2004)、王小鲁等(2009)、赵志耘等(2011)也从不同角度对改革开放以来中国全要素生产率进行了估算,认为中国全要素生产率是增长的。

也有部分学者通过建立中国经济增长的模型,认为资本投入的增长是推动中国经济增长的主要动力,也是中国经济增长持续稳定的最主要来源,但通过资源的消费来维持经济增长,表现出的是一种粗放式的经济增长方式(吴敬琏,2006;邱晓华等,2006;武鹏,2013)。此外,还有很多学者从其他角度分析中国经济增长的动力问题,如易纲等(2003)从改革带来的制度变迁、技术进步、人力资本和人民币的汇率走势及官方储备的增长四方面为中国经济增长效率的提高提供了证据;而赵志耘则指出通过劳动者素质和技术水平的提高,以及劳动和资本两种要素结合方式的改进来发展经济潜力巨大,只有在这三方面创新,走创新驱动发展道路,才能加快转变我国经济发展方式,破解经济发展深层次矛盾和问题。

由此可见,国内外学者基于不同角度、不同模型对经济增长的动力及潜在影响因素进行了阐述。而本书正是在梳理经济增长动力问题基础上,提炼出支撑西部地区经济增长的九个因素,通过构建一个集合函数,同时,引入牛顿第二定律解释了影响西部地区经济增长的动力问题,且基于灰色关联度模型,利用所采集的样本及模型对西部地区经济增长动力问题进行剖析,寻找支撑其经济增长的动力源。

二 经济增长新动力分析

卢卡斯(1988)在构建经济增长模型时,首先引入人力资本概念,并建立了包括人力资本在内的生产函数:

$$Y = AK^{\alpha}(uhL)^{\beta}h_a^{\gamma} \qquad (3.1)$$

其中,A为常数,u表示劳动时间,h是以教育水平衡量的劳动力平均质量,h_a^{γ}反映人力资本的溢出效应;同时,他还提出了人力资本外部效应概念(external effect),用来解释跨国收入差异以及城市集聚现象。邱晓华等(2006)在此基础上进行了扩展,通过引入结构变量、人力资本和制度变量,假定其他因素随时间推移而改变生产技术水平,且加入其他因素变量（OTH），并令 $OTH(t) = e^{\gamma t}$，构建式（3.2）：

$$Y = F(K, L, ST, HC, OTH) = e^{\gamma t} K^{\alpha} L^{\beta} ST^{\eta} HC^{\xi} ZD^{\theta} \quad (3.2)$$

其中，Y、K、L、ST、HC、ZD 分别为总产出、资本投入、劳动投入、结构变动、人力资本和制度创新，α、β、η、ξ、θ 分别为资本、劳动、结构变动、人力资本和制度创新弹性。

通过对式（3.2）两边取对数并添加随机变量 μ_t，模型变为如下双对数形式（3.3），从而得出最终结论：

$$\ln(Y_t) = \gamma t + \alpha \ln(K_t) + \beta \ln(L_t) + \eta \ln(ST_t) + \xi \ln(HC_t) + \theta \ln(ZD_t) + \mu_t \quad (3.3)$$

由第二章归纳，中国经济在发展过程中，经受了来自国内及国外双重压力，而研究经济增长动力问题又是一个系统性问题，经济增长并不是单纯依靠某一个或某几个因素发展，更多的是要整合社会各优势资源，形成经济发展的合力，才能够保证中国经济持续健康发展。因此，在"三驾马车"（投资、消费、净出口）理论基础上，对影响中国经济发展的各因素进行梳理，将重要的影响因素共同融入经济发展动力分析中，才能够更全面把握经济发展态势，找到支撑经济发展的动力源。

基于此，在式（3.2）研究基础上，本书将构建一个集合函数，定义 F 代表经济发展水平，考虑消费、投资、净出口、劳动投入、技术投入、产业结构、城镇化改革、外商直接投资（FDI）及金融九方面，探求经济发展的动力问题，构建式（3.4）：

$$F = F(F_1, F_2, F_3, \cdots, F_9) = F(C、K、NE、L、TE、ES、U、FDI、F、OTH) = e^{\gamma t} C^{\alpha} K^{\beta} NE^{\eta} L^{\xi} TE^{\nu} ES^{\theta} U^{\rho} FDI^{\tau} F^{\upsilon} \quad (3.4)$$

同上，将式（3.4）变为如下双对数形式，得到式（3.5）：

$$\ln(F_t) = \gamma_t + \alpha \ln(C_t) + \beta \ln(K_t) + \eta \ln(NE_t) + \xi \ln(L_t) + \nu \ln(TE_t) + \theta \ln(ES_t) + \rho \ln(U_t) + \tau \ln(FDI_t) + \upsilon \ln(F_t) + \mu_t \quad (3.5)$$

由此，可以得到影响中国经济增长动力的九个重要因素，通过模型运算便可寻找经济增长的动力源。由于经济系统是复杂的、多元的，影响其发展速度的因素也非唯一，因此，有必要对其中几个因素进行解释：

（1）消费。经济持续健康发展的前提就是要建立在扩大内需的基础上，而消费需求对于扩内需至关重要。党的十八大报告中，也明确指出要加快建立扩大消费需求的长效机制。西部地区应该牢牢树立扩内需的战略基点，增强消费对经济增长的基础作用。受惠于国家及中东部地区经济增长的带动作用，西部地区要实现跨越式发展，就要在内需上做足文章，保障社会经济健康有序运行。

(2) 投资。投资是拉动经济增长的一个重要途径，通过基础设施建设投资，带动相关产业投入，必然会拉动经济增长。吕政指出，保持适度的固定资产投资规模仍然是推动经济增长的重要动力。2002—2011 年的 10 年间，中国每年积累率平均在 43% 以上，2006 年以来超过了 45%，这是过去 10 年中国经济，特别是能源原材料等重化工业持续高速增长的主要原因。而西部地区长期受到国家政策扶持，重点支持了包括铁路、民航等在内的多项基础设施建设，伴随"一带一路"政策的提出，加之"西部大开发"战略等的相互配合，西部地区依靠投资为带动了经济增长。

(3) 技术投入。实施创新驱动发展战略的最终目的就是要提高科技投入及产出，抢占国内外市场。作为技术投入的重要指标，R&D 是科技活动中最具有创新性的内容，Griliches、Romer 已证实了 R&D 是促进生产率增长的重要因素，并提出 R&D 的增加将加快经济增长。同时，国家财政用于科学研究支出也在一定程度上表明了一个国家的科技投入实力，而该部分投入大多用于教育资源的配置及改善。因此，教育便成为经济发展的动力源之一，Rauch 也最早估计了人力资本的地域集中对生产率的影响，他发现平均受教育程度每上升一年有助于提高该地区全要素生产率 2.8% 左右；而 Acemoglu 和 Angrist 则通过美国各州的数据估计表明，教育外部收益率为 1%—3%。西部地区拥有我国多所知名高校及科研机构，共同承担了多项国家级重大项目的研究，对推动我国技术创新及经济发展起到了至关重要的积极作用。

(4) 产业结构。在一定的技术条件下，经济体通过专业化和社会分工会形成一定的产业结构，而产业结构在一定意义上又决定了经济的增长方式。目前，西部地区经济结构逐步得到有效调整，第一产业占比逐年降低，而第三产业增长态势良好，产业结构的优化将更进一步使资源得到更好配置，从而促进经济增长方式的转变。

(5) 城镇化改革。2014 年，中央经济工作会议指出将坚持"稳中求进"的工作总基调，实现稳中求进，就要挖掘经济发展的潜力，而城镇化建设恰恰能够成为未来经济发展的潜在动力源，城镇化建设可以很大程度上创造更多内需，这就需要完善更多基础设施建设、公共服务体系构建等相关配套机制，从而产生较好的收入增长和消费转换效应。西部地区地处我国内陆，长期以来，以农业发展为支柱，城镇化改革的大力推进，使西部地区的城镇化水平得到了很大程度的提升，城镇化速度加快，城镇居民生活水平不断得到提高，但是，也应该注意到，仍有很大一部分地区处于落后的农业经济时代，农村基础设施建设滞后、农民生活水平亟待改善、农业经济发展水平低下等问题严重，因此，推动西部地区城镇化建设对于整体实现其跨越式发展具有重要作用。

（6）外商直接投资（FDI）。随着改革开放的逐步深入，特别是党的十八大以来的新一轮改革，中国利用外资规模不断扩大，2013年，中国实际利用外资实现了平稳回升，全年实际使用外资金额1175.86亿美元，同比增长5.25%。[①]"一带一路"政策的提出，开通了西部地区的部分省份与中东部地区、中亚及欧洲地区交流的"快车道"，有利于吸引外商直接投资，推动西部地区的对外开放水平及利用外资的能力。

三 模型选择与变量设计

在构建了影响西部地区经济增长动力的模型后，可以通过传统的最小二乘方法对式（3.5）进行回归分析，但是回归分析得到影响因素的系数表示弹性概念，不能很好地刻画影响经济增长发展的速度问题，因此，本书提出利用牛顿第二定律对式（3.5）进行运算，得到各因素的增长速度，并最终通过灰色关联分析，实证得出哪几个因素对经济增长的影响较大。

（一）牛顿第二定律

作为经典力学中的基本运动规律，牛顿第二定律最早见于1687年的《自然哲学的数学原理》一书，可以表述为动量为 p 的物体，在合外力为 F 的作用下，其动量随时间的变化率等于作用于物体的合外力，即物体加速度的大小跟作用力成正比，跟物体的质量成正比，且与物体质量的倒数成正比，加速度的方向跟作用力的方向相同。用式（3.6）表示：

$$F = m \times a = m \times \frac{\Delta v}{\Delta t} \quad (3.6)$$

其中，F 表示合外力，m 表示物体质量，而 a 表示物体加速度，物体加速度是速度变化量与发生这一变化所用时间的比值（即 $\frac{\Delta v}{\Delta t}$），用于描述物体变化快慢。应用牛顿第二运动定律可以解决一部分动力学问题。问题

[①] 新华网，2014年1月16日。

主要有两类：第一类问题已知质点的质量和运动状态，已知质点在任意时刻的位置即运动方程或速度表达式或加速度表达式，求作用在物体上的力，一般是将已知的运动方程对时间求二阶导数或将速度方程对时间求一阶导数，求出加速度，再根据牛顿第二定理求出未知力。第二类问题已知质点的质量及作用在质点上的力，求质点的运动状态，即求运动方程、速度表达式或加速度表达式，通常是由牛顿第二运动定律列出方程，求出物体的加速度表达式，由加速度和初始条件，定积分求出速度表达式，由速度表达式和初始条件，定积分求出运动方程。① 将物理学原理解释经济学的现象，也需要满足牛顿第二定律的适用范围，即只适用于宏观物体，不适用于微观原子。而本书所要探讨的西部地区实现跨越式发展的研究恰是宏观经济问题，因此，可以将上文提及的各因素应用于式（3.6），用以表征各因素的速度问题。

（二）灰色关联分析

灰色系统理论是中国学者邓聚龙教授首先提出，包括灰关联度评价方法、灰色聚类分析方法等；而灰色关联分析（GRA）是一种用灰色关联度顺序（称为灰关联序，GRO）来描述因素间关系的强弱、大小、次序的方法，其基本思想是：以因素的数据列为依据，用数学的方法研究因素间的几何对应关系。可用于量化序列之间关系的紧密程度，这种紧密程度在几何上体现为数据序列所对应曲线的相似程度（距离的相近性或者变化率的相似性），在映射上表现为组成序列的数据之间满足一定的函数关系，当某一序列改变时，另一序列会在灰色关联度的约束下发生相应的变化，其中蕴含了数据变化的依赖关系，通过这种关系建立模型从而实现对未知数据的预测。

对于两个系统之间的因素，其随时间或不同对象而变化的关联性大小的度量，称为关联度。在系统发展过程中，若两个因素变化的趋势具有一致性，即同步变化程度较高，即可谓二者关联程度较高；反之，则较低。因此，灰色关联分析方法，是根据因素之间发展趋势的相似或相异程度，亦即"灰色关联度"，作为衡量因素之间关联程度的一种方法。其计算步骤如下：

第一步，求各序列的初值像，首先令 X_i 为系统因素，其在序号 k 上

---

① 王学建：《牛顿第二定律的基本特性及应用》，《科技信息》2012 年第 28 期。

的观测数据为 $x_i(k)$ ($k=1,2,\cdots,n$)，则称 $X_i = [(x_1),(x_2),\cdots,(x_3)]$，则：

$$X'_i = X_i/x_i(1) = (x'_i(1), x'_i(2),\cdots,x'_i(n)), i=1,2,\cdots,m \quad (3.7)$$

第二步，求差序列，记：

$$\Delta_i(k) = |x'_0(k) - x'_i(k)|, \Delta_i = (\Delta_i(1), \Delta_i(2),\cdots,\Delta_i(n)), i=1,2,\cdots,m \quad (3.8)$$

第三步，求两极最大差与最小差，记：

$$M = \max_i\max_k \Delta_i(k), \quad m = \min_i\min_k \Delta_i(k) \quad (3.9)$$

第四步，求关联系数，记：

$$\gamma_{0i}(k) = \frac{m + \xi M}{\Delta_i(k) + \xi M}, \xi \in (0,1), k=1,2,\cdots,n; i=1,2,\cdots,m \quad (3.10)$$

第五步，计算关联度，记：

$$\gamma_{0i} = \frac{1}{n}\sum_{k=1}^{n}\gamma_{0i}(k), \quad i=1,2,\cdots,m \quad (3.11)$$

将上述得到 F 作为灰色关联分析的母序列，而将 F_i ($i=1,2,3,\cdots,9$) 作为子序列进行关联分析，即可得到各因素对经济增长的关联性，关联性大者，表明该因素在支撑西部地区经济发展中具有重要的影响，而关联度较小则说明该因素并非是以往经济发展的主导力量。

（三）变量选取

如式（3.4）表述，选取 2000—2012 年相关数据，利用国内生产总值（亿元）代表经济增长量，最终消费支出（亿元）代表消费，资本形成总额（亿元）代表投资，货物和服务净出口（亿元）代表净出口，全社会就业人员（万人）代表劳动投入，研究与开发机构经费内部支出（万元）代表技术投入，第一产业增加值所占比重（%）代表经济结构，城镇化率（城镇人口/总人口,%）代表城镇化改革，实际利用外商投资额（亿元）代表 FDI，而选取城乡居民人民币储蓄存款（年底余额）（亿元）代表金融指标，查相关统计年鉴，得到东部、中部及西部地区各因素指标值，以西部地区[①]为例，得表 3-2。

---

① 根据 2010 年《中国科技统计年鉴》划分，东部地区包括：北京、天津、河北、辽宁、上海、江苏、浙江、福建、山东、广东和海南 11 个省市区；中部地区包括山西、吉林、黑龙江、安徽、江西、河南、湖北和湖南 8 个省市；西部地区包括内蒙古、广西、重庆、四川、贵州、云南、西藏、陕西、甘肃、青海、宁夏和新疆 12 个省市区。

表3-2　　　　　　　2000—2012年西部地区各因素指标值

年份	GDP	消费	投资	净出口	劳动投入
2000	17035.9735	11180.54	7107.9929	-1186.7	1546.4700
2001	18563.204	12116.8924	8338.58	-1724.58	1548.6825
2002	20719.23	13300.5376	9420.7	-2012.1882	1565.6717
2003	23417.8907	14663.1713	11873.5844	-2914.94	1573.0642
2004	28351.07	16944.3107	14700.9731	-3444.5468	1592.7900
2005	33968.68	19470.48	18381.83	-4380.17	1617.1340
2006	40224.63	22349.22	22269.4	-4859.33	1641.0742
2007	49182.48	26312.53	27755.4	-5686.11	1654.9681
2008	60447.77	31092.87	35639.16	-6127.54	1675.1959
2009	66973.48	34938.8	43087.74	-10958.6773	1701.3784
2010	81408.49	40983.91	54619.09	-14020.96	1730.1866
2011	100234.96	49218.97	67415.73	-6053.75	1768.6126
2012	113904.8	56951.1	79609.2	-22654.9	1777.5853
年份	技术投入	经济结构	城镇化改革	FDI	金融
2000	1050048.2	18.88	28.97	214249	22994.6
2001	1206903	17.95	29.78	214566	26323.01
2002	1338086	17.20	30.63	247442	30660.07
2003	1468587	16.35	32.48	280778	36313.74
2004	1433699	16.44	33.80	329566	45615.5
2005	1899572	15.12	35.18	445114	53514.9
2006	2128954	14.04	36.14	606492	61524.77
2007	2554795	13.50	37.26	790115	66966.8
2008	2707356	13.16	38.42	1244188	85078.6
2009	2428535	12.65	39.42	1493292	101630.7
2010	2891435.8	12.00	41.45	2097872	118040
2011	3128175	11.78	42.81	3058878.24	135110.1
2012	3701287	11.72	44.26	3221097	157995.3

资料来源：《中国统计年鉴》、各省份《统计年鉴》、《中国区域经济统计年鉴》、《中国科技统计年鉴》、中华人民共和国统计局网站。

（四）实证分析

第一步，由式（3.6）计算各因素在每年度所对应的力（速度）。如

2012 年经济总量为 113904.8 亿元，则利用式（3.6）得式（3.12）：

$$F_{2012} = m_{2012}a_{2012} = m_{2012} \times \frac{\Delta v}{\Delta t} = m_{2012} \times \frac{g_{2012} - g_{2011}}{1} = 15534.105 \quad (3.12)$$

其余变量以此类推，最终得到表 3-3。

表 3-3　　　　　依牛顿第二定律所得各因素结果

年份	GDP	消费	投资	净出口	劳动投入
2001	1664.1427	1014.7704	1443.6352	-781.6778	2.2157
2002	2406.4380	1299.2702	1222.5496	-335.5726	17.1755
2003	3050.1588	1502.2349	3091.5463	-1307.7640	7.4274
2004	5972.3958	2636.0147	3500.6586	-625.8295	19.9732
2005	6730.7088	2902.7872	4602.4767	-1189.7614	24.7161
2006	7408.0969	3304.3661	4709.7515	-531.5768	24.2946
2007	10952.7242	4666.1455	6837.4597	-967.4507	14.0115
2008	13845.6145	5648.8103	10123.0962	-475.6996	20.4750
2009	7230.2007	4321.6396	9005.3323	-8640.1516	26.5917
2010	17546.2342	7091.0347	14617.4258	-3918.0042	29.2961
2011	23180.2662	9889.7634	15794.7492	3439.9569	39.2794
2012	15534.1050	8946.8209	14398.9006	-62126.3503	9.0182
年份	技术投入	经济结构	城镇化改革	FDI	金融
2001	180285.5609	-0.889077637	0.8356	317.4690	3810.188901
2002	145441.7925	-0.719946473	0.8765	37913.2910	5051.64733
2003	143228.516	-0.802335377	1.9629	37827.1086	6696.198098
2004	-34059.1948	0.090191986	1.3687	57265.4054	11684.40467
2005	617255.9975	-1.214456763	1.4403	156059.8863	9267.367475
2006	257080.9248	-1.005007919	0.9893	219886.2898	9208.751385
2007	511019.2412	-0.516350134	1.1452	239217.1482	5923.392068
2008	161671.2647	-0.33645985	1.1974	715025.2529	23010.30641
2009	-250106.2133	-0.491444185	1.0325	298978.1370	19772.32241
2010	551133.8914	-0.608796333	2.1312	849352.6074	19058.74674
2011	256122.4589	-0.21847786	1.4059	1401229.9792	19538.65569
2012	678111.677	-0.063583709	1.4995	170821.5627	26761.53774

第二步，根据表3-2所得结果，利用式（3.7）至式（3.11），最终计算出东部地区、中部地区及西部地区地区生产总值与各因素之间的灰色关联度排序，见表3-4：

表3-4　　　　　　　　　灰色关联度排序

排序	东部地区	中部地区	西部地区
1	消费	消费	投资
2	投资	投资	消费
3	技术投入	外商直接投资	金融
4	金融	金融	劳动投入
5	产业结构	城镇化率	城镇化率
6	外商直接投资	劳动投入	技术投入
7	劳动投入	技术投入	产业结构
8	城镇化率	产业结构	净出口
9	净出口	净出口	外商直接投资

（五）结果分析

根据本书所构建模型，由表3-4实证结果可知，2001—2012年西部地区经济增长的最大动力来源于投资环节，其次为消费、金融环节，之后依次为劳动投入、城镇化率及技术投入，而影响比较小的三个因素为产业机构、净出口及外商直接投资；与此相对比，东部及中部地区经济增长动力的因素中，东部地区排序前三位的是消费、投资和技术投入，而中部地区则是消费、投资及外商直接投资。

1996年诺贝尔经济学奖获得者詹姆士·莫里斯就曾指出，中国经济增长的主要推动因素是投资。在过去几十年间，西部地区发展速度较快主要得益于国家及各地政府的投资，特别是对基础设施的建设，面对国家提出的西部大开发战略，基础设施落后问题一直是制约西部地区社会经济发展的重要障碍。相比改革开放以前，西部地区基础设施建设有了明显改善，基础设施的建设推动了西部地区资源优势转化为经济优势，由于西部地区独特的地理位置，其有效连接了我国中东部地区与中亚及欧洲各国的通道，在农牧业、能源、矿产等方面存在很大优势，西北地区的棉花和畜产品基地、能源及有色金属基地、石油化工基地；西南地区的矿产、旅游资源等都为西部地区经济发展提供了可能。

而消费对于增强内需，拉动地区经济增长具有重要作用。马克思曾指出："决不是禁欲，而是发展生产力，发展生产的能力，因而既是发展消费的能力，又是发展消费的资料。消费的能力是消费的条件，因而是消费的首要手段，而这种能力是一种个人才能的发展，一种生产力的发展。"也就是说，消费力的发展是生产力的发展，消费是促进生产力发展的重要条件，而发展生产力与发展消费能力、发展消费资料是同步的。西部地区具有很广阔的消费市场，提高消费能力，挖掘潜在市场，将翘起西部地区经济增长的大空间。

与中东部地区具有显著差异的是"外商直接投资"指标，由于西部地区受到历史、地理等各因素影响，对于外商的吸引力不及中东部地区，其在优惠政策、人才引进及配套设施建设等各方面还存在许多不足，也就限制了西部地区对外资的利用程度。因此，西部地区的外商直接投资指标处于最后一位，西部地区要实现社会经济跨越式发展，就应该努力改善现有外资政策，积极吸收外商投资，"走出去"与"引进来"相结合，共同推动西部地区实现跨越式发展。

第三节 西部与中东部经济社会发展的差距比较

改革开放以来，我国经济飞速发展，创造了中国奇迹。但是在经济总量高速增长的同时，并没有实现地区之间的平衡增长，从而导致我国东、中、西部地区之间经济社会发展的差距越来越大。为了缩小我国东中西部地区之间的经济发展差距，中央政府开始实施西部大开发战略，将政策向西部等经济发展落后的地区倾斜。据测算，我国西部经济自20世纪90年代以来取得了巨大发展，年均名义GDP增长率达到了16.45%。[1]虽然这些措施在一定程度上促进了西部地区经济的增长，使区域发展不平衡矛盾

---

[1] 徐捷锦：《西部地区产业结构与经济发展差距实证研究》，《重庆工商大学》2009年第5期。

有所缓解，但是并没有完全改变东部、西部差距扩大的现实。根据《中国统计年鉴》数据，2012年，西部地区人口3.64亿人，占全国总人口的27%，而社会商品零售额仅占全国的17.8%；西部地区人均国内生产总值相当于全国平均水平的81.6%，仅为东部人均国内生产总值的54.3%。东部、西部地区经济差距的扩大，对经济社会发展产生了严重的负面影响，危及宏观经济的稳定性，不利于我国国民经济的持续、稳定、健康发展。

一 经济差距

本书采用"人均GDP"指标衡量地区经济发展水平，如表3-5所示，2001年，东部、中部、西部人均GDP分别为12811.1元、6395.2元和5006.8元，东部、中部地区人均GDP分别相当于西部地区的2.56倍和1.28倍。2005年，东部、中部、西部地区人均GDP分别为23147.1元、11106.9元和9347.8元，达到2.48倍和1.19倍。2012年，人均GDP则分别为57722元、32427元和31357元，东部地区人均GDP相当于西部地区的1.84倍。由此可见，我国西部地区与东部、中部地区相比，经济发展还较为落后。

表3-5　　　　东部、中部、西部地区名义GDP和人均GDP

年份	东部地区 名义GDP（亿元）	东部地区 人均GDP（元）	中部地区 名义GDP（亿元）	中部地区 人均GDP（元）	西部地区 名义GDP（亿元）	西部地区 人均GDP（元）
2001	61393.2	12811.1	27124.7	6395.2	18248.4	5006.8
2005	117933.7	23147.1	46358.0	11106.9	33571.9	9347.8
2012	295892.0	57722.0	116277.7	32427.0	113904.8	31357.0

资料来源：相关年份《中国统计年鉴》。

东部、中部地区、西部地区收入水平差异变动趋势基本与经济发展水平变动趋势相同。不管是城镇居民人均可支配收入，还是农村居民人均纯收入，东部、中部地区都高于西部地区。2005年，东部、中部、西部地区城镇居民人均可支配收入分别为13374.9元、8808.5元和8783.2元，西部地区城镇居民人均可支配收入略低于中部地区，相当于东部的65.7%；2012年，东部、中部、西部地区城镇居民人均可支配收入则分别为29622元、20697元和20600元，西部地区城镇居民人均可支配收入为东部地区的69.5%。对于农村居民人均纯收入这一指标，2005年，东部、中部、西部地区农村居民人均纯收入分别为4720.3元、2956.6元和2378.9元，西部地区分别相当于东、中部地区的50.4%和80.5%；2012年，东部、中部、西部地区农村居民人均纯收入则分别为10817元、7435元和6027元，西部地区分别相当于东部地区、中部地区的55.7%和81.1%。从以上数据可以看出，由于西部农村的土地更为贫瘠，耕作方式更加落后，使得劳动生产率更为低下，最终导致收入水平较低，在农村居民人均收入方面与东、中部地区的差距也更大。

从产业结构的角度来看，西部地区传统产业比重过大，产业结构不合理，经济效益低下，成为制约西部经济社会发展的重要问题。以2012年为例，我国东部地区三次产业结构为6.2∶47.8∶46.0，而西部地区则为12.6∶50.1∶37.3。现阶段西部地区第一产业特别是农业的生产效益比较低，以粗放式经营为主，农业专业化组织少，产业化经营程度较低，农业发展仍存在着产品单一、生产耕作方式落后和产品附加值低等问题。

综上所述，以经济类指标角度判断东中西部差距，无论是经济发展水平、居民收入水平，还是产业结构水平，西部地区与东部地区、中部地区还存在一定差距，尤其是东部地区，其经济发展总量和经济发展速度都要明显优于西部地区。

二 社会发展差距

近年来，我国各地经济取得快速发展，各项社会事业的改革和发展也取得了长足进步。社会发展水平的提高，对于提高人民生活质量、维护社会稳定、促进经济繁荣有着巨大的促进作用。但由于受经济发展水平不同的影响，东部地区、中部地区、西部地区之间的社会发展水平有所不同。在劳动就业方面，根据西南财经大学中国家庭金融调查与研究中心执行完成的《中国城镇失业报告》显示，2011年，中国城镇整体失业率为8.0%，失业率呈现一定的地区差异，西部明显高于中部和东部。[1] 如图3-4所示，2011年，东部地区、中部地区、西部地区的失业率差异较大，分别为6.9%、8.3%、14.1%，可以看出西部地区的失业率明显高于东部和中部。

---

[1] 《中国城镇失业报告》，西南财经大学中国家庭金融调查与研究中心，2012年12月。

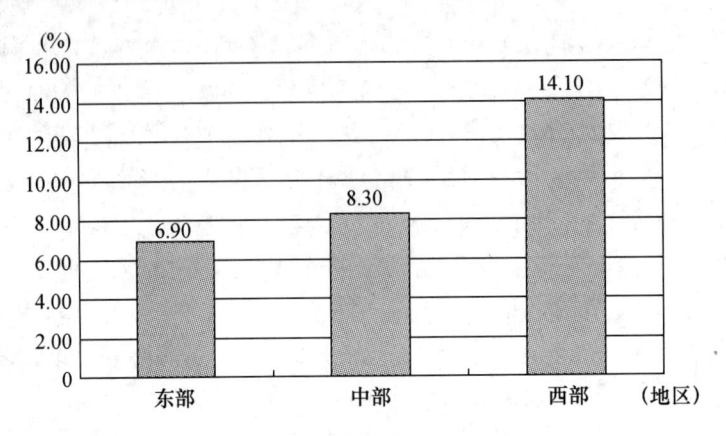

图 3-4 中国城镇失业率地区分布情况

作为衡量国家或地区经济社会发展水平的重要标志，城镇化既是各国工业化进程中要经历的历史阶段，又是我国现代化建设的必然选择。城镇化不仅对现代经济增长有着重要的助推作用，而且与人的发展水平也密切相关。有关研究显示，世界 171 个国家（地区）的人类发展指数与城镇化率之间直接呈现正向关系。对于我国而言，西部地区城镇化水平普遍低于全国平均水平，明显落后于东部、中部地区。以 2012 年为例，全国城镇化率为 52.57%。西部 12 个省市除了蒙古和重庆以外，其余 10 个省市的城镇化率均低于全国平均水平。如广西、云南、贵州、四川等仍低于全国平均水平，贵州、云南、甘肃、西藏等地区的城镇化率更是在 40% 以下。西部城镇化水平低不仅制约着西部地区经济发展的速度，还影响农民的收入水平，拉大城乡之间人民生活水平的差距。

三 科技水平差距

《中国统计年鉴》（2013）数据显示，2012 年，东部地区规模以上工业企业的 R&D 人员全时当量为 1597476.7（人年），R&D 经费支出为 52106189（万元），R&D 项目数为 205694（项）。而西部地区规模以上工业企业的三项指标则分别为 209589.5（人年）、6890750.9（万元）和 33028（项），相当于东部地区的 13.1%、13.2% 和 16.1%。可见，与东部发达地区相比，西部地区企业 R&D 投入较少，严重制约了西部地区的科技创新能力，影响了西部地区的科技创新水平。用专利申请授权数衡量地区的科技创新成果，以 2012 年为例，东部、中部、西部地区的每万人专利申请授权数分别为 15.7 件、3.7 件和 2.9 件，西部地区的科技创新成果远少于东部地区。

四 人力资本差距

首先，西部地区教育投入力度较弱。在国家西部大开发战略政策推动下，西部地区教育经费支出有了一定增长，但人均教育经费支出仍然较少。以2011年为例，东部地区人均教育经费支出为1853元，而西部地区只有1540元。由于经济比较落后，西部地区的教育经费主要来源于国家财政，而国家财政以外的教育经费仅占总经费的16.7%，相比东部地区而言，这一比重则达到了23%。

其次，西部地区人口的文化素质总体水平偏低，据计算，2011年，全国大专及以上文化程度的人数所占比重为10.1%，而西部地区只有9.3%。除此以外，西部地区未上过学和小学文化程度的人占6岁及以上人口总数的比重高达41.4%，文化素质的偏低，使得西部地区经济社会发展的步伐减慢。

最后，西部地区人力资源流失现象比较严重。20世纪80年代中期以来，由于西部地区与东部地区经济发展差距越来越大，导致出现了"孔雀东南飞"的现象，西部地区的人才大量流向东部地区，这对西部地区本来就缺乏人才的现状来说无疑是雪上加霜，内部人员的外流以及对外部人员的吸引力度不足导致了西部地区人力资本的差距明显加大。

五 基础设施差距

中国经济发展一直存在着"东强西弱"的不平衡局面，其中一个重要原因就在于西部地区落后的基础设施严重制约了该地区经济发展。虽然经过几十年的持续建设，西部地区的铁路线路里程和公路线路里程在绝对数量上有了大幅度增长，西部地区成为我国交通运输网络的一个重要组成部分。但是，西部地区基础设施建设的总体规模仍然不足，例如，西部地区的土地面积约占我国国土总面积的70%，但其交通设施的数量仅相当于全国的30%—40%。根据《中国统计年鉴》（2013）的数据进行计算，2011年全国线路综合密度达到了4646公里/万平方公里，而西部地区的指标仅为2556.9公里/万平方公里，仅相当于全国平均水平的55%，东部地区的19.1%。除了总体规模明显不足以外，西部地区交通设施还具有高等级路段少，低技术等级路段长的特点，导致其总体质量较低，通行能力不足。以2012年的数据为例，西部地区共有168.6万公里公路，其中等级路为130.9万公里，占公路总里程的77.6%，而全国平均水平为85.2%。

从邮电通信服务水平看，西部地区信息化程度相对落后，通信服务水平与全国平均水平相比仍然存在比较大的差距。2012年，西部地区邮电业务总量为3231.7亿元，仅占全国比重的21.5%。西部地区每百人拥有移动电话数量约为73.1部，移动电话普及率相当于东部水平的72.8%。中国互联网络信息中心（CNNIC）发布的第31次《中国互联网络发展状况统计报告》显示，2012年，中国的内蒙古、广西、西藏、四川、甘肃、贵州、云南7个西部地区的互联网普及率仍不到40%，而北京、上海、广东等东部发达地区的互联网普及率已经达到60%以上。①

六 对外贸易发展差距

在经济全球化大背景下，世界各国和各地区之间的经济联系逐渐增强，其相互依赖程度日益提高。因此，一个国家或地区能否利用自身优势实施对外开放政策，将对其经济发展水平和经济发展速度产生重要影响。从这个角度来讲，对外贸易程度也是衡量一个国家或地区经济发展水平的重要指标。改革开放以来，我国东部沿海地区通过有效利用自身的地理优势，加大了对外开放的力度，对外贸易的大力发展使东部地区的经济保持了较高增长速度。如表3-6所示，2012年东部进出口总额达到33958.8亿美元，占全国比重的87.8%，外贸依存度（进出口总额/地区生产总值）也高达66.8%。"西部大开发战略"提出以来，人们就意识到西部经济的发展与对外贸易密不可分，这种意识在2001年中国加入世界贸易组织以后变得更加强烈，但西部地区（主要指陕、甘、青、宁、新、藏等）的对外贸易水平一直较低，开放度不够已经成为制约西部地区经济发展的重要原因。由表3-6可以看出，2012年，西部地区的进出口总额为2305.4亿美元，仅占全国比重的6.0%，其外贸依存度也仅有12.8%。

表3-6　　　　2011年东部、中部、西部对外贸易情况

地区	东部	中部	西部
进出口总额（亿美元）	33958.8	2407	2305.4
进出口占比（%）	87.8	6.2	6.0
外贸依存度（%）	66.8	10.7	12.8

---

① 《中国互联网络发展状况统计报告》，中国互联网络信息中心，2013年1月。

第四节　西部经济社会跨越式发展中的比较优势和后发优势

一　比较优势

18世纪古典经济学家亚当·斯密提出的绝对优势和大卫·李嘉图提出的比较优势理论构成解释国际贸易产生的动因与影响的古典贸易理论。从比较优势理论诞生至今，比较优势理论始终是指导对外贸易政策的最基本原则，为国际分工和贸易的发展构筑了理论基础，其核心是强调贸易双方可以通过分工进行优势互补，进而增进彼此的福利。如果一个国家可以用较少投入生产某种产品，则称其在生产该产品上具有绝对优势；一个国家生产一种产品的机会成本（用其他产品的数量来衡量）低于其他国家生产该产品的机会成本，则称这个国家在生产该种产品上就具有比较优势。即使一国或地区在任何产品的生产方面都处于绝对劣势，并不意味着该国家或地区不能参与国际与地区化的分工，因为根据大卫·李嘉图的比较优势学说，该国家或地区可以大力发展绝对劣势相对较小的产品，即发展自己具有比较优势的产业。需要注意的是，李嘉图所说的比较优势是源于劳动生产率的区别，而不是源于劳动数量的区别。如表3-7所示，假设世界上只有两个国家甲和乙，两者生产两种产品A和B。对于甲而言，生产一单位A产品需要投入100单位劳动力，生产一单位B产品需要投入120单位劳动力。对于乙而言，生产一单位A产品需要投入90单位劳动力，生产一单位B产品需要投入80单位劳动力。显然对于生产相同数量A产品和B产品，甲投入的劳动力都要比乙多，故乙在两种产品的生产上都具有绝对优势。如果没有分工且没有交换，则按照现在的劳动力投入可以生产出2个单位的A产品和2个单位的B产品。但是，对于甲而言，生产一单位A产品的机会成本是100/120单位的B产品；对于乙而言，生产一单位A产品的机会成本是90/80单位的B产品，故在A产品的生产上甲的机会成本要比乙小，即称甲在生产A产品上具有比较优势。同理，对于甲而言，生产一单位B产品的机会成本是120/100单位的A产品；对于乙而言，生产一单位B产品的机会成本是80/90单位的A产品，故在B产品的生产上乙的机会成本比甲小，即称乙在B产品的生产上具有比较优势。现在让甲和乙进行分工，各自生产自己具有比较优势的产品。甲生产产品 A，220 的劳动力投入能够生产出 2.2 单位的 A；乙生产产品 B，170 单位的劳动力投入能够生产出 2.215 单位的 B。假定甲能够以一单位的产品 A 换取乙一单位的产品 B，则与分工前相比，现在甲能够多消费 0.2 单位的产品 A，而乙能够多消费 0.215 单位的产品 B。国际分工和交换使得两个国家的状况都变好了。因此，贸易的好处是基于比较优势，而不是绝对优势，贸易之所以能使得每个人的状况变得更好，是因为它使得人们可以专门从事自己具有比较优势的活动。

表3-7 比较优势理论实例

	分工前		分工后	
	A	B	A	B
甲的劳动投入	100	120	220	
乙的劳动投入	90	80		170
总产量	2	2	2.2（220/100）	2.215（170/80）

大卫·李嘉图的比较优势学说强调技术的差异性带来国际贸易，指出相对劳动生产率较低的那种产品具有比较优势。除此之外，比较优势也可以根据生产要素的稀缺程度来确定。1919 年瑞典经济学家伊莱·赫克歇尔（Eli Heckscher）在其著作《对外贸易对收入分配的影响》中提出要素价格均等问题，论述了要素禀赋差异在确定比较优势和国际贸易中的关键作用，提出了按要素丰裕度进行国际分工的要素禀赋学说。伊莱·赫克歇尔的学生伯蒂尔·俄林（Bertil Ohlin）继承并发展了他的要素禀赋差异理论，并于 1933 年出版了《区域贸易和国际贸易》，不仅考察了贸易格局，而且考察了贸易的经济效益问题，并创立了 H—O 定理。他们把各国要素禀赋的不同视为产生国际贸易的根本原因，认为某种生产要素相对比较丰裕的国家中这种生产要素相对价格也较低，生产相对密集地使用这种生产要素产品的相对成本也比较低。以此为基础，他们认为一个国家一方面应该出口密集使用本国相对丰裕要素的产品，另一方面该国应该进口密集使用本国相对稀缺要素的产品。在我国，林毅夫等（1999）继承了大卫·李嘉图和 H—O 模型的比较优势理论，主张应根据比较优势制定一国或地

区的发展战略。

在20世纪初,澳大利亚坚持从本国实际出发,利用自己的自然资源比较丰富这一特点,大力发展具有比较优势的产业。一方面,发展采掘业,出口自己的矿产品;另一方面,利用本国丰裕的资源大力发展农牧业。经过近一百年的发展后,澳大利亚已经逐步发展成为全球最为富裕的国家之一。到了19世纪七八十年代,韩国、新加坡以及我国的台湾地区和香港地区清楚地认识到自己的比较优势产业是劳动密集型产业,故充分利用劳动力这一丰裕的生产要素,坚持发展自己的劳动密集型产业,创造了亚洲"四小龙"的奇迹。通过发挥自己的比较优势,这四个国家有效解决了二元经济结构问题,并最终在资金、技术、管理经验方面打下了坚实的基础,顺利地完成了产业结构的升级。

由于历史因素、自然因素和地理环境因素等主客观条件的限制,当前西部经济社会发展与东部相比具有较大差距。为了探索西部经济发展的出路,有人提出要加大产业结构调整,发展一些所谓的高科技产业与资金密集型产业,但这些观点往往未能从自身的实际情况出发。盲目发展的高科技产业不仅对西部地区有限资金技术的一种浪费,更为重要的是,这将很可能导致发展机会的丧失。如果不遵循比较优势而盲目采取赶超战略,虽然能够实现少数产业的赶超,但却是以牺牲整体的经济进步作为代价,不利于总体经济实力的提高。而在国家赶超战略背景下生存下来的产业部门,一方面由于违背了要素禀赋的比较优势规律而不得不过分依赖市场价格的扭曲和国家政策的保护,另一方面国家的政策倾斜也易导致腐败的滋生,进而导致社会的不稳定。

蔡云(2010)基于比较优势理论对我国西部地区的产业结构调整提出了建议,以贵州省为例,他认为煤炭产业及与之相关的火电产业以及水能源相关的水电产业,以铝及铝加工为主的有色金属冶炼及压延加工业,以磷化工为主的化学工业、旅游业、烟草加工业、电力工业,白酒为主的饮料制造业等产业属于贵州省的比较优势产业[①];张建军(2007)认为,我国西部地区自然资源丰富,有利于发展现代高新技术产业,且生态环境具有极高的经济社会价值,因此可以尝试走"高新科技产业+生态产业"之路;麻元元(2006)则认为,随着市场经济的发展,各种资源密集型

---

① 蔡云:《比较优势、竞争优势与西部地区产业结构调整》,《商业时代》2010年第14期。

工业并未给西部地区带来巨大的经济效益；相反，传统工业正面临着效率低下的问题。因此，他提出比较优势要与市场优势相联系，要与可持续发展战略相结合，以信息产业来促进西部地区比较优势的发挥，将西部地区的资源优势切实转变为现实优势。

一般认为，西部地区具有资源比较优势、农产品比较优势和旅游业比较优势。

1. 资源比较优势

（1）西部地区矿产资源开发的潜力巨大，经地质勘查探明有储量矿产161种，一些稀有金属的储存量名列全国乃至世界前茅。探明矿产储量潜在价值在全国总值中占50.45%，其中45种主要矿产潜在价值占全国总值的50.8%，探明天然气储量则占全国总储量的64.5%。[①] 西部开发的煤炭产量占全国的50%，石油为29%、锰为63%、铬为91%、钒为77%、原生钛为97%、铜为37%、锌矿为77%、天然气为83%，这些资源成为西部经济发展的主要要素。[②]

（2）西部地区风能资源丰富，近年来，开发建设了多座大型风力发电站，缓解了西部地区的电力紧缺。内蒙古高原、西北地区、青藏高原北部等地，年有效风能达5000—7000小时，平均有效风能密度达150—300瓦/平方米。[③]

（3）西部地区的生物资源非常丰富。

（4）西部地区水能丰富。西南地区河网密布，落差比较大，并具有阶梯级开发优势。

2. 农产品比较优势

近年来，消费者对农产品的需求已经从追求数量转为追求质量，从追求质量转为"品牌消费"，而后者的内在本质即为更高层次的质量消费。西部地区在生产农产品上具有自己的比较优势，例如新疆库尔勒香梨是全国独一无二的资源优势产业，拥有"库尔勒香梨"、"沙依东"、"2+8"、"孔雀"等注册商标[④]；云南、贵州等地的茶叶、药材；四川的花卉、桑

[①] 百度百科：http://baike.baidu.com/view/54348.htm。
[②] 邓富民、邓龙安：《西部经济发展的现状与转变路径研究》，《西南民族大学学报》2011年第9期。
[③] 曹泰松、周才云：《比较优势理论与西部地区经济发展》，《区域经济》2011年第11期。
[④] 蔡云：《比较优势、竞争优势与西部地区产业结构调整》，《商业时代》2010年第14期。

蚕等也各具特色。王会争、田孟清（2007）采用"不同地区农业相对比重指标"、"显示比较优势"（Revealed Comparative Advantage，RCA）法"和"区域显示比较优势法"对我国西部地区各省市农业的比较优势进行了测算发现，内蒙古、云南、新疆等八个省区同时通过了三个农业比较优势指标，说明这些省份的农业在国内和国际上具有一定的出口能力，对本地区的经济发展有较大的促进作用，具有广阔的发展前景。对于那些具有地区特色的农产品，一方面要继续保持其优势，在当地优势产业和资源中培植出效益好、发展前途广的出口产业和商品；另一方面也必须依靠科技进步和生产经营管理经验的积累来提高其质量品质，进一步促进西部地区特色农业的发展。

3. 旅游业比较优势

由于历史因素和自然因素，我国西部地区的旅游资源非常丰富，其自然景观和人文景观具有巨大的发展潜力。西部现有国家级风景名胜区63个，占全国的36%；有国家自然保护区936个，占全国的43%。[①] 长江三峡、四川峨眉山、九寨沟、秦始皇兵马俑、云南丽江、贵州黄果树瀑布、"丝绸之路"等西部地区旅游资源具有多样性、独特性和垄断性特征。在人文旅游资源方面，全国有50个少数民族的发源地和主要聚居地都位于西部地区，形成西部地区独特的文化优势及吸引力。目前，西部很多省市把旅游产业作为支柱产业来培育和发展。

麻元元、张海玮（2006）从促进西部地区比较优势发挥的角度研究了西部地区发展信息产业的优点和可行性。他们认为，由于信息产业自身在资源利用、技术基础等层面上具有的特点，信息产业能够为传统工业提供技术上的支持，提高传统行业对资源的利用效率和生产效率，并延长资源导向型产业的产业链条，使得信息产业在自身进行发展的同时能够为传统工业的发展提供强有力的支持。另外，经过几十年的发展，西部地区的通信网容量飞速增长，服务能力逐渐提高，西部地区在很大程度上已经具备了发展信息产业的条件。西部地区的科技研发能力已经达到了较高水平，西部地区的一些中心城市如西安等还聚集了大量的科研机构和高等院校，使其在科技、人才领域拥有了发展信息产业所必需的完整学科体系以及科研力量。我国四大电子工业生产基地有两个都在西部，一个是西安，

---

① 张小利：《西部地区旅游业发展的比较优势悖论》，《中华文化论坛》2007年第2期。

另一个是成都。①陕西的关中高新技术产业带和四川的成德绵高新技术产业带也颇具规模，拥有健全的产业链和雄厚的产业基础，其发展将对周边地区产生巨大的辐射作用。

亚当·斯密和大卫·李嘉图的贸易模型以及 H—O 模型把国家间先天赋予的生产条件差别作为贸易的基础。这是以外生给定的技术和禀赋差异为基础的比较优势，称为"外生比较优势"。值得注意的是，后发国家在参与经济全球化过程中应合理利用其外生比较优势，而不能单纯遵循"外生比较优势"战略。因为根据世界经济发展的经验，后天形成的技术对经济发展的重要性越来越大，单纯遵循"外生比较优势"战略只会使落后的国家更加落后（Amsden，2001）。熊贤良（1995）也认为，在比较优势和竞争优势相分离的情况下，像中国这样的发展中大国很难像亚洲"四小龙"那样仅仅依靠劳动密集型产业来实现经济快速且可持续的发展。② 因此，单纯根据要素禀赋来确定自己的贸易格局可能陷入"比较优势陷阱"，即发展中国家依靠自身劳动力成本低的优势参与国际贸易，生产并出口劳动密集型产品，虽然能够在与具有资本和技术优势的发达国家的贸易过程中获得利益，但是，由于劳动密集型产品技术含量低、附加值不高等原因，使得发展中国家能够获得的利益并不高。除此之外，还将导致贸易产品、方向和格局的静态化，而与产业结构调整、制度创新和技术创新等相联系的动态贸易利益被忽视，导致缺乏产业结构升级的动力，使发展中国家长期处于国际分工的低端。随着贸易的继续进行和技术的进步，发展中国家的比较优势不断受到削弱，贸易条件逐步恶化，最终陷入对本国劳动密集型产品和发达国家资本、技术密集型产品的双重依赖。例如，现阶段我国西部地区所确定的对能源和资源进行初级开发与初级加工为主导产业的发展战略，就是以这种先天要素禀赋决定的、静态的外生比较优势理论为依据的。这导致我国西部地区难以享受资源加工制造所带来的附加收益，也造成了西部地区产业结构的单一化。

随着人类社会生产力的不断发展，生产过程变得越来越复杂，投入要素越来越多，技术、制度等再生要素成为生产过程的主导因素。随着生产过程的不断发展，这些再生性生产要素也能够得到不断发展和积累，进而

---

① 麻元元、张海玮：《从比较优势角度谈西部信息产业的发展》，《西安邮电学院学报》2006 年第 2 期。

② 熊贤良：《比较优势战略与大国的经济发展》，《南开经济研究》1995 年第 3 期。

形成一种动态的比较优势，这种动态的比较优势是通过"干中学"进行积累形成的。20世纪90年代以来，以杨小凯为代表的经济学家突破了传统比较优势理论的框架，以专业化和分工为核心提出了内生比较优势理论，即使国家之间不存在与生俱来的差别或者说不存在外生比较优势，一国也能够在专业化过程中获得比较优势，这种后天获得的比较优势即内生比较优势。杨小凯、萨克斯等也证明了一国有可能出口有外生技术比较劣势的产品，例如，20世纪50年代初日本汽车产业的发展。外生比较优势是由先天的资源禀赋差异所导致的生产率差异，而内生比较优势源于后天对不同专业化方向的选择所引发的生产率差异。正如亚当·斯密所言："人们天赋才能的差异，实际上并不像我们所感觉得那么大。人们壮年时在不同职业上表现出来的极不相同的才能，在多数场合，与其说是分工的原因，倒不如说是分工的结果。"随着分工的加深，个人的专业化水平得到了提高，进而会导致内生比较优势的增强。技术的进步、市场规模的扩大同样可以使内生比较优势得到积累。由于分工存在自我繁殖机制，基于分工造成生产率差异的内生比较优势能够随着分工的逐步发展而不断演进，因此内生比较优势的演进是经济增长持续不断的源泉[1]，这意味着一国贸易是动态发展而非静止的，一国的经济增长是可以持续的。内生比较优势理论是现代国际分工与贸易分析的基石，现在越来越多的国家认识到，仅仅依靠外生比较优势的贸易很难在世界市场上持续下去。必须通过专业化、分工、技术进步和规模经济等提高竞争力，进而获得内生比较优势。在市场经济初期，为了对计划经济时期形成的扭曲的产业体系进行纠正，我国基于外生比较优势理论调整产业结构，并取得了良好的效果，但从追求更高层次的竞争优势、形成良性的产业机制以避免陷入"比较优势陷阱"的角度来讲，内生比较优势理论对于我国对外贸易格局的转换具有更为重要的意义。因此，在进行西部贸易发展模式的选择时，应更多培养自己的内生比较优势，而不是在传统的比较优势误区里越陷越深（周克，2007）。峻峰（2011）也认为，在知识经济时代，土地、能源、矿产等天赋资源对经济发展的作用逐渐下降，而技术、组织、信息、制度等非资源要素的作用与日俱增。因此，西部地区应该以比较竞争优势为基

---

[1] 任晓红：《内生比较优势与我国西部地区可持续发展的主导产业选择》，《改革与战略》2010年第3期。

础，将本地区的比较优势与技术优势结合起来，紧扣可持续发展要求，一方面充分发挥本地区现有比较优势，另一方面通过制度创新、技术创新等方式提高本地区产业在国内或国际上的竞争力。任晓红（2010）则主张基于内生比较优势来选择和培育我国西部地区的主导产业，通过制度创新、培育有效率的经济组织等（如产权制度）来促进内生比较优势的积累和经济的可持续发展。

因此，我国西部地区在实施赶超战略时，一方面要充分发挥西部丰富的自然资源、低廉的劳动力成本等外生比较优势，并注意将经济发展与生态保护结合起来，使西部地区的经济实现可持续发展。另一方面则是在遵循天然的外生比较优势基础之上，不断进行技术和制度创新，逐步培养动态性的比较优势，以确保在国内和国际竞争中获得更大利益。

二 后发优势

实现跨越式发展有它的理论依据，即发展中国家的后发优势理论。经济上相对落后的国家或地区在经济发展中具有相对优势，这一思想最早源于英国著名古典经济学家利大卫·李嘉图的"相对有利条件论"和德国经济学家弗里德里克·李斯特（Friedrich List）的"动态比较费用学说"。[①] 但将这一思想理论化的是美国哈佛大学著名经济史学家亚历山大·格申克龙，他通过对19世纪德国、俄国和意大利等比较落后的工业化国家的经济发展历史进行分析，论述了著名的"后起之益"说，并于1962年创立了后发优势理论，将经济发展的落后性所具有的积极意义理论化。他在文章《经济落后的历史回顾》中提到，一个国家的经济发展越是落后，其工业化往往具有一种突变的特性，即在实行工业化的初始阶段，一个国家的落后程度越高，其增长的速度也就会越快。因此，虽然不具备先发国家的种种发展条件，落后国家同样可以快速地发展经济。亚历山大·格申龙克的后发优势理论，首次从理论上论证了后发国家在工业化发展中的某个阶段取得比先发国家更快的发展速度的可能性，以及后发国家最终在工业化进程方面赶超先发国家的可能性。

1966年，美国经济学家列维（Levy）在《现代化与社会结构》一书中，通过对后发国家与早发国家现代化进程的研究，指出后发国家在对现

[①] 王必达、田淑萍：《后发优势：中国西部地区经济发展的动因分析》，《复旦学报》2001年第5期。

代化的认识、预测以及对成熟技术、计划、管理的学习借鉴方面具有后发优势。

1989年，Abramoitz又提出了追赶假说，即以劳动生产率水平或以单位资本收入来衡量的一国经济的发展水平与其经济增长速度具有负相关关系。他还认为后发优势是一种"潜在优势"，把这种"潜在优势"转化为"现实优势"需要一定的前提条件。把后发优势视为一种"潜在优势"而非"现实优势"，也合理解释了大部分发展中国家与发达国家之间差距不断拉大的事实。

1993年，Brezis和保罗·克鲁格曼等仔细分析了多个发展中国家的成功经验，提出了基于后发优势理论的技术蛙跳模型。它是指当一国的技术创新能力达到一定水平后，后发国家可以直接以高新技术为起点，在某些领域实施技术赶超战略，直接开发应用新技术、新产品，进入国际市场参与竞争。

1996年，范·埃尔肯（Van Elkan）在开放经济假设下建立了技术模仿和技术创新的一般均衡模型，他认为凭借技术的模仿和技术的创新，经济落后国家可以完成对经济发达国家的赶超。

日本学者南亮进研究了日本对后发优势的运用。他指出，日本19世纪五六十年代的高速增长的主要动力来源于后发优势。依靠丰富的人力资本、现代化的管理理念以及发达的信息产业，日本成功地将潜在的后发优势转化为现实优势，实现了日本经济对世界先进经济的赶超。南亮进认为，从1970年开始，随着日本与世界先进国家的技术差距越来越小，日本逐渐失去了后发优势，依靠技术引进所带来的后发利益变得越来越小。但是，通过有效发挥自己的后发优势，日本利用近100年的时间成功实现了对英美两国的追赶。1970年以后，由于日本没有在技术模仿的基础之上进一步增强自己的技术创新能力，导致日本经济失去了发展的新动力。

因此，所谓"后发优势"是由后发国地位所致的特殊有利条件，这一条件在先发国是不存在的，而完全是与其经济的相对落后性共生的，是来自于落后本身的优势。[①] 由于学习成本大大低于创新成本，后发国家可以直接使用和吸收先进国家的技术，学习借鉴先进国家的管理制度，使得后发国家能够获得高速的增长。由于后发优势的存在，落后国家可以充分

---

① 郭熙保、胡汉昌：《后发优势研究评述》，《山东社会科学》2002年第3期。

学习发达国家的管理经验,对发达国家的技术进行模仿创新,进一步完善自身的制度、优化升级经济结构,最终达到后发制人的目的。后发优势的实质是替代性的普遍存在,即存在着多种路径达到相同结果的可能性,这使得后发国家可以通过采取与先发国家不同的方式来达到先发国家的发展水平。更为重要的是,由于后发国家可以对不同的路径进行比较和选择,因此可以从一个较高的起点出发,在经济发展过程中少走弯路,在资源和时间上都能够有一定的节约。后发优势是实现跨越式发展的前提条件,一方面,具有后发优势的国家可以通过借鉴国外的发展模式、吸收先进技术和学习管理经验来为本国的发展打下坚实的物质基础;另一方面,落后国家承担着国际国内的心理压力,这种心理压力会转化为要求发展、摆脱落后现状的内在动力。

既然国与国之间有后发优势存在与跨越式发展的可能,那么一国内部的欠发达地区有没有后发优势的存在并利用此优势走跨越式发展之路的可能呢?现实的例证告诉我们这个可能性是存在的。在历史上美国犹他州属于传统的农业和矿业区,由于其工业较落后,导致20世纪90年代以前经济发展缓慢。但1990年以后犹他州迅速崛起,一跃成为美国最大的软件行业基地。[①]

综上所述,后发优势可以体现在以下几个方面:

(1) 技术模仿和技术引进。作为后来者,后发国家可以直接对现成的科技知识加以吸收利用,而不需要去花费大量资金来从事研究和开发工作。与自身进行基础研究和技术创新所消耗的资金相比,引进国外先进的科学技术所耗费的成本几乎可以忽略不计,从规避风险的角度来说,进行技术研究面临着大量的不确定性,而直接利用现成的科技知识则可以有效规避此类风险。因此,后发国家可以花费较少的资金从先发国家那里引进各种先进技术,通过技术模仿、消化吸收和技术改进在更高的技术层次上推进工业化进程,并把节约下来的大量资源用于其他经济活动以加速本国经济的发展。值得注意的是,如果后发地区不能在技术引进的基础之上进行相应的技术再创新,就会陷入"引进—落后—再引进—再落后"的发展陷阱。因此,发挥后发优势不仅仅包含技术的引进和吸收,更重要的是

---

① 薛福康:《从"三线"到"一线"——犹他州跨越式发展探秘》,《光明日报》2000年3月14日第3版。

通过技术模仿进行再创新,这样才能真正实现经济的跨越式发展,成功缩小与先进地区之间的差距。

(2) 制度模仿和制度学习。通过对世界各国经济发展轨迹的研究不难发现,制度创新是推动经济增长的源泉。例如,历史上许多国家都因放弃了以前高度集权的计划经济制度而向先发国家的市场经济制度学习,使得资源配置更为有效,进一步增加了本国经济活力,加快了经济的增长速度。因此,后发国家可以从先发国家那里学习和模仿相关先进制度,通过制度的学习来促进本国工业化进程和经济的极速发展。制度的学习过程并不等同于简单的制度模仿过程,后发国家结合本国的经济发展特征对国外先进制度进行改进和创新也是非常重要的。

(3) 社会意识优势。受自身落后的经济条件限制,后发国家的社会意识将受到先发国家发展经验的启迪和刺激,从而激发它们产生摆脱落后现状、赶超先发国家的强烈愿望。毫无疑问,一国经济落后的程度越大,这种寻求工业化发展的社会"赶超"意识也就表现得越明显。

后发优势理论表明,作为后发区域,我国西部地区因其相对落后的地位而具有一种特殊利益,存在着通过采取与东部地区不相同的方式来达到与东部地区相同发展水平的可能性。具体而言,这种特殊利益体现在以下几个方面:

(1) 技术性后发优势。技术进步是提高一国或地区生产效率的主要途径。技术性后发优势体现为后发国家或地区从先发国家或地区引进各种先进技术,并通过学习、模仿、消化吸收和改进来获得利益。我国西部地区可以直接引进先发地区的新技术和科研成果,从而促进西部地区的技术进步,缩短与先发地区之间的技术差距,迅速赶上甚至超过技术先进的竞争对手。这不仅大大缩短了研究与开发新技术所需要花费的时间,规避了技术开发的风险,而且节约了大量资金的投入。另外,鉴于我国西部地区拥有丰富的自然资源,如能源、矿产等,还可以增加在产品生产过程中的技术含量,使得自身的后发优势得以持续下去。

(2) 制度性后发优势。在知识经济时代,一国或地区的经济增长决定于资本、技术、知识、制度等多种因素。技术无疑对经济增长具有重要的促进作用,但我们同样不能忽视制度在经济增长中所扮演的至关重要的角色。新制度经济学的创始人道格拉斯·G. 诺思(Douglass C. North)就曾经指出:"制度提供了一种经济的刺激结构,随着该结构的不断演化,它规定了经济增长、停滞或者衰退的变化方向。"① 制度性后发优势指后发国家或地区通过借鉴先发国家或地区先进的制度，经过模仿和学习并根据自身特点对先进制度进行创新和改进所获得的利益。改革开放以来，由于我国东西部地区在制度安排上的不平等，导致制度成为制约我国西部地区经济发展的一个"瓶颈"，这预示着西部地区通过制度模仿和制度学习来获得相应的后发优势的可能性。首先，西部地区非公有制经济发展明显滞后。由于非公有制中小企业具有灵活、市场适应能力强、产权清晰等特点，故可以通过大力发展公有制经济来充分发挥西部地区的资源优势，进而获得后发利益。其次，通过完善市场体系和价格体制改革留住人才，增强西部地区的资本积累能力；最后，通过借鉴国内外区域开发的经验教训获得相应的后发利益。单纯的经济发展并不能解决所有问题，当经济基础发展到一定程度，必须对上层建筑进行改革和完善，这样才能实现更好的跨越式发展。跨越式的发展需要一个跨越式的政府机构。为了实现跨越式发展，必须加快政府机构改革，提高政府的行政效率。转变政府职能，减少政府的微观行政干预，使之从"管理型政府"向"服务型政府"转变，并相应建立有效的管理机制和监督机制。改革开放30年以来人民生活水平得到了很大提高，但由于在国民收入的分配上存在比较大的问题，导致各地区之间、农村居民与城镇居民之间的收入差距越来越大，这无疑影响着人心的稳定和社会的稳定。因此必须加快分配制度的改革，真正做到公平公正，以增强社会活力。

（3）社会意识性后发优势。由于西部地区与东部地区之间的经济水平差距较大，出于寻求经济发展以增进本地区利益的目的，西部地区的"赶超"意识将会比较强烈。此外，这种社会意识还会受到东部地区发展经验的启迪和激励。这种社会意识性后发优势可以体现为西部地区在积极寻求各种经济发展途径中的努力和创造力。

除了以上三点之外，我国一些学者还从多个维度对西部地区的后发优势进行了更为细致的研究。张唯实（2006）认为，我国西部地区在制造业方面拥有一定的后发优势。所谓西部在制造业方面的后发优势通常是指，西部制造业发展所具备的，比发达国家更丰富的自然资源、劳动力资

---

① North, D., Institutions, *Journal of Economic Perspective*, No. 1, 1991.

源、成熟技术多等资源复合体状态。① 而当前经济全球化的大背景和世界制造业大转移浪潮为西部地区将这种后发优势转化为现实优势提供了非常好的机遇。为了成功抓住机遇，参与到这次制造业全球大转移中来，获取制造业生产的核心技术以实现西部制造业的现代化目标，西部地区需要合理利用自身的后发优势，重视国内外先进制造业技术的引进和运用，再结合自身的市场规模和生产要素以及技术的特点，选择适合自己的产业进行培育，逐步在制造业方面形成自己的竞争优势。

第五节 西部经济社会跨越式发展实践

随着经济全球化进程的不断深入，如何在新的大环境中实现我国西部欠发达地区经济快速发展，进而缩小与东部发达地区之间的经济差距，已经成为一个严峻而紧迫的现实问题。为了更好地推动西部地区的经济社会发展，提高当地人民的生活水平，我国政府颁布了一系列发展政策，以帮助西部欠发达地区赶超相对发达地区的经济发展水平，积极争取实现跨越式发展。对这一进程中西部地区各个地方在跨越式发展实践中取得的经验和教训进行研究和不断总结，并深入探讨其发展得失，这无疑对西部欠发达地区进一步实施有效的跨越式发展具有重要意义。针对西部地区如何具体实现跨越式发展，怎样才能更好地走上跨越式发展的道路，我国众多学者进行了大量研究。近十多年来，国内对跨越式发展的研究文献与著作很多，其中也不乏实证研究，但是大多都是以技术进步、投资等为基础的实证研究，真正对跨越式发展进行实证分析的文章不多，关于建立跨越式发展的衡量指标分析的文章也较少。②

谢岭华（2007）总结并分析了广西百色市经济跨越式发展的现状及路径，认为产业集群和点轴开发相结合的多元化发展模式是推动百色实现跨越式发展的重要原因。③ 他还指出，百色的跨越式发展路径包括创新县

---

① 张唯实：《自身能力、比较优势与西部制造业的发展》，《经济观察》2006年第8期。
② 赵红、杨震宁：《"跨越式发展"的学术论争及其路径找寻》，《企业发展》2013年第1期。
③ 谢岭华：《百色区域经济跨越式发展的路径及其对策研究》，《广西师范大学学报》2011年第4期。

域经济发展思路，发挥资源优势以大力发展生态铝、现代农业、生态旅游业等特色经济，实施项目兴市战略，激活民间资本并引进外资以打破资金"瓶颈"与完善政策体系等。经过近十年的不懈发展，百色市的竞争优势和经济优势不断增强，经济增长方式实现了由粗放型到集约型的转变，整个社会经济取得了比较显著的成就。针对百色市在经济发展过程中仍然存在的环境污染严重、资源储量"瓶颈"、产业结构有矛盾、资本市场不够完善、人才缺乏等问题，谢岭华也提出了相应的政策建议，如发展循环经济、调整产业结构、实施人才强百战略、健全融资体系等。赵堂高认为，广西沿边地区需要走跨越式发展的道路，阐述了该地区实现跨越式发展的可能性和基础，并指出，实施跨越式发展的关键在于发挥比较优势、开发人力资源以及进行制度创新。王科艺（2010）从后发优势角度研究了贵州经济的跨越式发展，认为贵州省的区位优势和资源优势为实现跨越式发展提供了条件；陈昭锋（2009）则分析了西藏跨越式发展的特征，他认为粗放型经济发展方式是制约西藏跨越式发展的关键，因此他提出应该将科技进步作为西藏实施跨越式发展的基本战略；吴海鹰（2007）对宁夏跨越式发展的模式进行了研究，他认为加强自主创新、培育大企业、推进以沿黄城市带为重点的区域经济一体化[①]、推进体制创新等是宁夏实施跨越式发展的基础；刘雪颖（2009）分析了重庆市2002年以来的发展经验指出，跨越式发展机理由发展战略思想、发展平台和创新中形成的可持续发展体制三个方面的合力构成[②]；刘建贤（2010）针对四川民族地区社会跨越式发展进行了研究，他认为推进跨越式发展主要有四个突破口，第一，加强农牧区社会信息化建设；第二，加强自主创新能力，推进科技进步；第三，大力发展教育事业；第四，加强人才队伍建设。郑昕（2004）则从制度因素的角度，采用实证分析方法，研究了西部地区跨越式发展中所存在的主要制度障碍。首先，我国西部地区对非公有制经济的制度歧视仍然存在；其次，分配制度缺少激励，使得西部地区难以真正留住人才，且人事管理制度比较僵化，限制了人力资本的正常流动；再次，行政管理制度不完善，政府对经济的干预过多；最后，法律制度不完善，难以为西部生态环境建设提供有效的保障。

[①] 吴海鹰：《宁夏跨越式发展模式研究》，《宁夏社会科学》2007年第11期。
[②] 刘雪颖：《区域经济跨越式发展的机理研究——以重庆市长寿区为实证基础》，《重庆大学学报》2009年第15卷第6期。

第四章 西部实施经济社会跨越式发展的基础分析

第一节 西部经济增速超过东部

2000—2011年，西部地区社会经济等各项事业取得了巨大的进步。借助于"西部大开发"等战略的有效实施，西部地区经济增长速度有了大幅度提高。"十五"期间（2001—2005年），东部、中部、西部地区生产总值增速分别为12.6%、11.1%和11.4%，区域间增长差距逐渐缩小。2005年，中国共产党十六届五中全会确立了在我国实施"区域协调发展战略"，即在保持东部地区经济快速增长的基础之上提高中西部地区的发展速度，逐渐缩小地区之间的经济差距，实现区域协调发展，这为"十一五"期间西部地区社会经济增长提供了良好的政策支持，增长速度得到有效提升，2005年以来西部地区内生产总值增速均保持在12.5%以上。如图4-1所示，若按可比价格计算，2001—2007年，东部地区经济增长速度略高于西部地区，经济发展优越，直到2008年，我国西部地区GDP增长速度才首次超过东部地区，使得长期以来区域发展差距进一步缩小，东部、西部地区发展不协调的局势有所缓解。而西部经济增速超过东部地区的重要原因在于产业梯度的转移，即以重工业为主的制造类企业正逐渐向中部、西部地区转移，且有不断加速趋势。由此带来的后果是，东部地区留下的轻工类、附加值较高的服务产业所占比重较大，而这几类产业的增长速度较重工业而言，增长速度较为缓慢。除"西部大开发"战略的实施为西部地区提供巨大发展潜力的优势外，西部地区还具有丰富的自然资源，且人力资本成本较低，伴随着高铁的建设及近期提出的"一带一路"发展战略的实施，使得西部地区吸引境内外资本的能力有了很大程度提高，逐步缩小了与东部市场之间的差距。毫无疑问，西部地区经济总量的飞速增长将对其实施经济社会的跨越式发展提供坚实的基础。

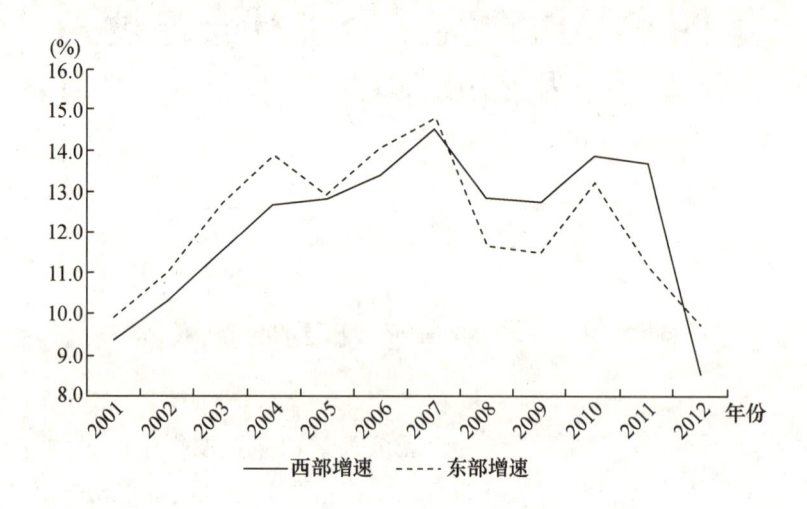

图4-1　2001—2012年东、西部地区GDP增长速度

从人均GDP增速分析，西部地区人均名义GDP从2005年的9347.8元增长至2010年的22570元，此阶段年均增速达到19.3%，而我国东部地区人均名义GDP从2005年的23302.9元增加至2010年的45521.1元，年均增速仅为14.3%。

不难看出，西部地区在"西部大开发"战略的十多年内，社会经济等各项事业取得了显著成效。更为重要的是，借助于自然、历史、政策扶持等得天独厚优势，西部地区经济仍存在巨大发展潜力和发展空间。这表现为，首先，国家优惠政策的大力支持。2010年7月，党中央、国务院召开的西部大开发工作会议上，中央强调了西部地区的战略地位，明确了西部地区在今后我国社会经济发展中的总体格局。国家与地方政府等各层面政策的大力支持必将成为西部地区持续发展的动力。其次，西部地区对内外的投资继续保持不断增长态势。国家发改委副主任杜鹰（2012）表示，"十二五"期间，中央将在重大基础建设项目上继续支持西部地区建设，在转移支付和投资安排上也要继续向西部地区倾斜。由于今后我国将继续侧重于基础设施及民生领域建设。最后，西部地区的资源优势将伴随新一轮的资源型产品价格改革得到充分发挥，而且西部地区腹地广阔，市场需求潜力巨大，具有很宽的开发空间及拓展空间，为西部地区经济发展提供所需市场环境。

第二节 经济结构进一步调整

一 产业结构

产业结构演化理论指出，随着经济发展水平和人均收入水平的提高，第一产业的比重将不断下降，而第二、第三产业的比重将不断上升。西部大开发战略的实施，使得西部地区产业结构的变化速度明显加快，产业结构得到了进一步调整和优化。具体表现为，第一产业的比重从2000年的21%调整为2012年的10.09%，呈现出逐年下降趋势，而第二产业的比重则从2000年的40.7%增加到2012年的45.32%，说明经过多年发展，西部地区第二产业已颇具规模，整体经济素质得到明显加强，但西部地区第三产业的发展还相对滞后。总体而言，其占地区生产总值的比重呈下降趋势。西部地区第三产业规模较小与西部地区市场化程度较低、行业准入限制较多有比较大的关系。

从高技术产业比重指标看，2005年以来，西部地区高技术产业比重呈现逐年提升趋势。该比重从2006年的5.9%增长至2011年的8.6%。这主要缘于2006年我国颁布实施了《国家中长期科学和技术发

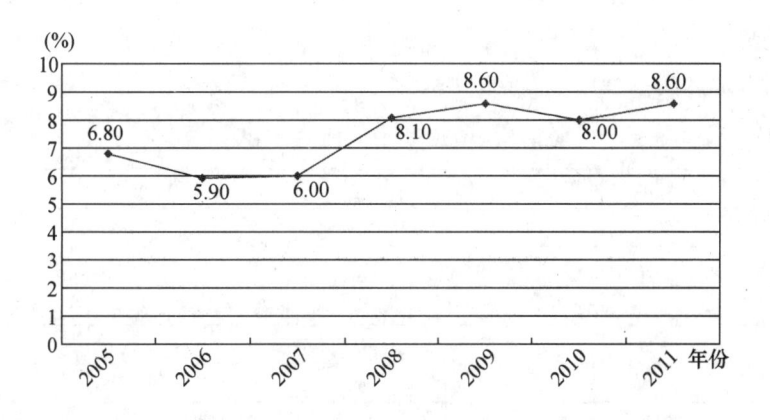

图4-2 西部地区高技术产业产值占大中型工业企业产值比重

展规划纲要（2006—2020）》，从科技投入、资金支持、税收激励、人才建设等方面加快了对高技术产业的扶持力度，使得西部地区高技术产业发生了翻天覆地的变化。2006年，西部地区高技术产业比重仅为5.9%，直至2011年，该指标已提升至8.6%，西部地区高技术产业发展取得了长足发展。

二　二元结构

二元对比系数为分析经济结构的合理性提供了可衡量指标，因此，引入该指标用于衡量西部地区农业部门和非农业部门之间结构的合理性。二元对比系数是指农业部门比较劳动生产率和非农业部门比较劳动生产率的比率。其中比较劳动生产率被表示为相对国民收入，指某产业国民收入的相对比重与该产业劳动力相对比重之比，用于反映此部门1%的劳动力所生产的产值在整个国民总产值中所占比重。理论上来讲，二元对比系数的取值处于0—1之间，该系数越接近1，越表明经济结构表现出的二元性越弱，而该值等于1时，二元经济则就转变为一元经济，此时，经济结构的表现出二元性消失。

二元对比系数的计算公式为：

$R = B_1 / B_2$，

其中，B_1和B_2分别代表农业部分和非农业部门的比较劳动生产率，其计算公式为：$B_1 = \dfrac{G_1/G}{L_1/L}$，$B_2 = \dfrac{G_2/G}{L_2/L}$

其中，G_1和L_1表示农业部门产值和农业部门劳动力数，G_2和L_2表示非农业部门产值和非农业部门劳动力数，G和L则表示总产值和总劳动力数。

如表4-1所示，2006年以来，西部地区的二元对比系数呈现逐年增加趋势。2006年，二元对比系数为0.0686，而2012年则增至0.1446，表明西部地区的二元经济结构有所改善。

表4-1　　　　　　2006—2011年西部地区二元对比系数

年份	二元对比系数
2006	0.0686
2007	0.0907
2008	0.1106
2009	0.1132
2010	0.1349
2011	0.1603
2012	0.1446

资料来源：根据相关年份《中国统计年鉴》有关数据计算。

三 城乡结构

城镇化反映出了某一地区的城市化水平高低，其值可用城市人口占总人口的比重表示。辜胜阻（2011）认为，城市化对于扩大内需、实现经济可持续发展十分重要的战略意义，他同时指出，大力开展城镇化建设，既可以推动经济服务水平，又能够培育更多新型农民和创业人员。图4-3显示，西部地区城镇化率呈逐年上升趋势。就城乡居民收入指标而言，2005年，西部地区城镇居民人均可支配收入为8783.2元，农村居民人均纯收入为2378.9元，乡村城镇居民人均收入比为0.27；而2011年，西部地区城镇居民人均可支配收入达到18159.4元，农村居民人均纯收入为5246.8元，乡村城镇居民人均收入比变为0.29，表明西部地区城乡居民收入差距与2005年相比有了一定程度缩小。

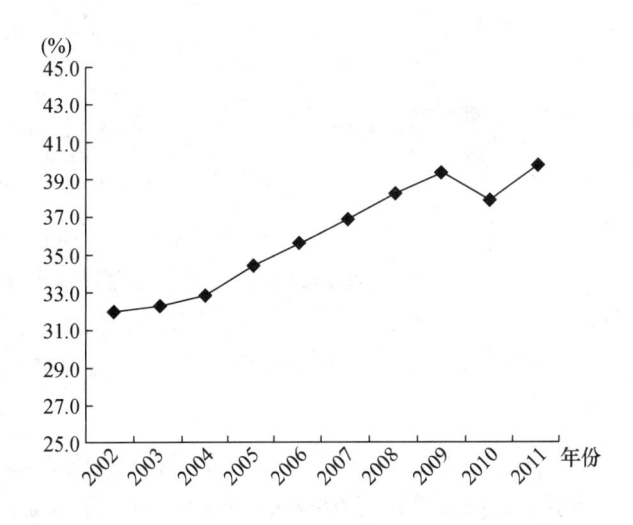

图4-3 2002—2011年西部地区城镇化率变化情况

四 所有制结构

2005年以来，我国西部地区所有制结构得到了进一步调整和优化。根据计算，2005年，西部地区私营工业企业产值比重为21.3%；2012年，私营工业企业产值比重则迅速增加至37.86%。

从表4-2可以看出，除了工业总产值比重有显著提高外，西部地区私营工业企业的资产比重、主营业务收入比重和利润比重均有了比较大的增长。2005年，私营工业企业的利润总额仅占比9.5%，而2012年，该

表4-2　2005年、2012年西部地区私营工业企业主要经济指标比重

单位:%

年份	2005	2012
产值比重	21.3	37.86
资产比重	11.5	19.42
主营业务收入比重	20.2	36.24
利润比重	9.5	34.25

资料来源：相关年份《中国统计年鉴》。

指标增加至34.25%，取得了飞速发展。非国有经济的异军突起不仅支撑了西部经济总量的快速增长，而且增强了我国西部经济的竞争力和适应力。

第三节　西部经济发展效益和质量进一步提高

经过十多年的艰苦奋斗，西部地区经济发展效益和质量都得到了很大程度提高。第一，西部地区在生产过程中对劳动力、能源等生产要素的利用效率有所提高；第二，西部地区的自主创新意识及能力均有所增强，技术进步及科技创新对经济发展的贡献率越来越大；第三，尽管西部地区社会经济取得了较大改善，但其对生态环境的污染程度较小。

从西部地区对生产要素的利用效率看，如图4-4所示，2000年以来，西部地区的劳动力投入效率逐步提高。利用指标"不变价GDP/就业人数"来衡量劳动力的投入效率，2000年，该指标为9168.31元；2012年，则增加至77635.44元。

就"自主创新能力和技术进步"指标而言，2005年，西部地区研发支出（R&D）占GDP的比重为0.93%；而2010年，该指标增加至1.07%，西部地区已经初步具备了一定的科技创新能力，为社会经济发展提供了较大保障，但与中部、东部地区相比，仍有较大差距，存在不足之处亟须进一步改善。西部一些中心城市如西安、成都、重庆等已经具有了较为完整的工业体系，其经济实力较强，且拥有许多科研机构和高等院校，科学技术体系和学科的发展都较为完善，使得这些地区具备了一定的

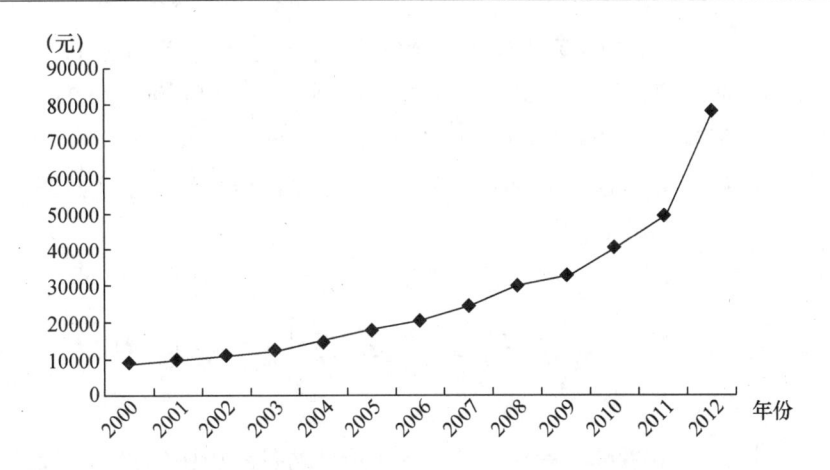

图 4-4 2002—2012 年西部地区劳动力投入效率

科技创新能力。另外，这些地区也具备丰富的科技人力资源、庞大的科学家和工程师队伍，并取得了一些能够接近或达到国内、外先进水平的科技成果，众多优势资源为西部地区实现跨越式发展提供了雄厚的技术基础及人才基础，因此，未来西部地区经济发展中，可以尝试将先进的技术直接转化为第一生产力，大力发展知识密集型产业，淘汰以往落后产值，发挥知识产业的带动及辐射作用，形成西部地区发展的又一新亮点，成为新特色、成为发展新增长极，促进西部地区经济发展。

就"发展环境友好型经济"指标而言，西部地区同样也取得了一定程度的进步。如图 4-5 所示，系列一表示"不变价 GDP/化学需氧量排放

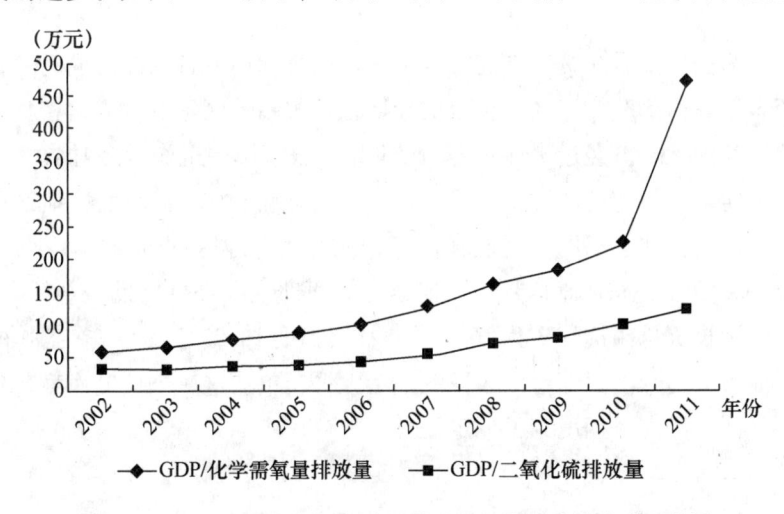

图 4-5 2002—2011 年西部地区单位排污量对应的生产总值量

量"，系列二表示"不变价 GDP/二氧化硫排放量"。2002 年，每吨化学需氧量对应 57.78 万元的 GDP，而 2011 年则对应于 467.09 万元的 GDP；2002 年，每吨二氧化硫量对应 31.62 万元的 GDP，而 2011 年该指标则增加至 124.44 万元。这两个指标的逐年上升表现出西部地区生产过程中对环境的污染来说逐渐降低了。

第四节　西部民生建设迈上一个新台阶

《国民经济和社会发展第十二个五年规划纲要》中明确提出，要坚持把保障和改善民生作为加快转变经济发展方式的根本出发点和落脚点。完善社会保障和改善民生的制度安排，把促进就业放在经济社会发展优先位置，加快发展各项社会事业，推进基本公共服务均等化，加大收入分配调节力度，坚定不移走共同富裕道路，使发展成果惠及全体人民。强省就要富民，西部地区近年来针对保障和改善民生树立和谐发展理念，着力解决了人民群众最关心、最直接、最现实的利益问题，使西部地区民生建设迈上一个新台阶。

一　继续开展扶贫工作，真正提高农民收入

十年来，我国颁布了一系列区域发展政策以促进新疆、西藏等西部省份的经济社会发展，并先后将西部地区的武陵山区、秦巴山区、六盘山区、乌蒙山区、滇桂黔石漠化区、滇西边境山区六个地区确定为特困地区，作为国家开展扶贫工作的重点地区。中央和地方各级政府同时安排专项资金帮助西部革命老区、少数民族地区及边疆地区等贫困人口密集的地区摆脱贫困状态。经过十多年努力，592 个国家扶贫工作重点县农民人均纯收入年均增长速度超过全国平均水平。[1] 除此之外，东部发达地区还通过政府援助、社会捐助、企业合作等方式对西部地区进行帮助。据统计，2003—2010 年，东部地区地方政府累计向西部地区提供援助资金 44.4 亿元，实际投资总额达到 2497.6 亿元，社会捐助 14.2 亿元。扶贫工作的积极开展大大提升了西部地区人民的生活水平，单从这一个角度而言，我国西部地区人民富裕程度有了一定提升。

----

[1]　张义学：《西部民生·十大德政》，《西部大开发》2012 年第 9 期。

二 采取补贴和免税方式大力"反哺"农业

在实施"西部大开发"战略中,中央高度重视西部地区的农业发展,2003年,中央财政单独用于"三农"的支出为2144.2亿元,2011年则增加至10408.6亿元,2012年,中央政府更是拨款5亿元用于实施农产品产地初加工补助项目。为了更好地推进农业发展,首先,2005年12月24日,第十一届全国人大常委会第十九次会议审议并通过了《全国人大常委会关于废止〈中华人民共共和国农业税条例〉的决定》,并于2006年1月1日起废止,这样就意味着我国逐步取消了农业税、牧业税和农林特产税规定,农民负担问题进一步减轻。其次,全面实施粮食直补和农资综合补贴等一系列惠农政策。2003年10月28日,国务院召开的农业和粮食工作会议决定,从2004年起,在全国范围内实行粮食直补,要从粮食风险基金中安排不少于100亿元的资金,主要用于对主产区种粮农民的补贴。最后,加强基础设施建设,逐步建立和完善农村各项社会保障体系;最后,加大培育西部地区的高水平农业人才,2006—2008年新型农民科技培训工程培训专业农民共计90多万人。随着中央对农业的"反哺"落到实处,西部地区的一批特色农业也得到了飞速的发展。如四川和贵州的茶叶、云南的烟草、广西的糖、新疆的枸杞等农产品产量均在全国占有非常大的比重。

三 大力推进民生水利建设

"十一五"期间,中央共拿出590亿元用于农村饮水安全工程建设,其中,新建农村集中式供水工程22万处,保障了2.1亿农村居民的饮水安全。由于大力推进民生水利工程建设,2000年,我国节水灌溉工程面积为2.5亿亩,其中,喷灌、微灌、低压管道输水等高效节水灌溉面积为0.88亿亩;而2011年两项指标则分别增加至4.3亿亩和1.87亿亩。截至2011年年底,我国在连续30多年灌溉用水总量保持不变前提下实现了有效灌溉面积增加了1.72亿亩,粮食总产量增加了5000多亿斤。[①]

四 完善交通设施建设

2005年,西部地区万人拥有公路里程数为21.73公里,2010年则达到了43.48公里,"十一五"期间年增速达到了14.88%。西部省区98%的行政村通了公路,基本上做到了"村村通公路",顺利完成了国务院确

---

① 张义学:《西部民生·十大德政》,《西部大开发》2012年第9期。

立的"十一五"农村公路建设目标任务。随着我国高速公路网络建设的快速推进,西部开发八条省际通道也基本贯通,由此形成了一个便捷高效且同时能够覆盖城乡的公路交通网络。另外,青藏铁路的通车具有划时代的意义。其顺利通车方便了西藏人民的出行,加强了西藏与内地各省份之间的社会、经济、文化等各方面的交流;同时,吸收引鉴了中部、东部地区先进的生产经验及优势人才来藏工作,也使得西藏地区丰富的自然资源优势转化为经济优势,实现了优势互补,促进了相互发展与进步。

五 普及九年义务教育,实施"两免一补"政策和"蛋奶工程",改善西部地区教育环境

"两免一补"指免学费、免书本费和补助学生生活费,"蛋奶工程"即确保每一个义务教育阶段的住宿生每天都能吃到一个鸡蛋,喝上一杯牛奶。不仅如此,部分地区还开始尝试为学生定制科学的"营养餐"。通过这两项政策的广泛实施,西部地区每年有5000多万名义务教育阶段的中小学生从中收益。除此之外,近年来中央的财政性教育经费也坚持向西部地区倾斜,并大力实施"西部一省一校工程"以提升西部地区高等学校的办学水平,增强其科技创新能力。

表4-3　　　　　　　　　西部地区教育工程

工程名	目的
两免一补	保证贫困学生的入学率
蛋奶工程	保障学生健康,提高学生身体素质
中小学生危房改造工程	完善学校硬件设施
西部一省一校工程	提升高等院校办学水平
农村中小学现代远程教育工程	改善西部青少年受教育条件
农村义务教育阶段学校教师特设岗位计划	提高教师素质

资料来源:根据张义学《西部民生,十大德政》整理。

六 从群众反映的问题出发,切实解决"看病难、看病贵"问题,实现"病有所医"

从医疗保障来看,2011年,西部地区每千人口医疗机构床位数和每千人口卫生技术人员数分别为3.66张和4.04人,与2005年相比,分别提高了1.22和0.94。2008年以来,中央和地方政府相继出台多项医改政策,西部各省市也因此获得了丰富的医改经验,如陕西省子长县在改变"以药养医"的模式后不仅降低了患者的负担,而且提高了医务人员的积极性。这次新医改一方面加强了基层卫生组织建设,另一方面还极大地提高了医疗技术条件,将远程网络等先进技术也应用到医院日常的诊断治疗中来。此外,由于公共卫生服务均等化的有效开展,加之科学技术的不断普及,西部地区,尤其是部分农村地区曾经出现的"信巫不信医"的封建陋习得到了纠正。

七 健全社会保障体系

实行新型农村社会养老保险制度,使农村老年人能够领上养老金,表4-4具体反映了我国社会保障体系的健全过程。

表4-4　　　　　　2004—2009年我国的主要社会保障政策

年份	政策名称
2004	劳动保障监察条例
2006	农村五保供养工作条例
2007	关于开展城镇居民基本医疗保险试点的指导意见
2007	关于在全国建立农村最低生活保障制度的通知
2007	关于2008年调整企业退休人员基本养老金的通知
2009	城镇企业职工基本养老保险关系转移接续暂行办法

资料来源:根据张义学《西部民生·十大德政》整理。

八 促进就业

2013年年末,全国实现就业人员76977万人,比2012年年末增加273万人;其中,城镇就业人员38240万人,比上年末增加1138万人,顺利解决如此庞大的人口就业问题是一项非常艰巨的任务。对于西部而言,在国家实施产业转移战略大背景之下,西部地区纷纷出台优惠的招商引资政策吸纳劳动密集型的电子产业,并积极吸引西部人才回乡创业,这样一来西部地区也能够大量吸纳本地的劳动力。

九 加强文化体制改革

2003年,文化体制改革试点工作会议的召开,西部地区在中央和西部各地区地方政府的领导下文化产业得到了极大发展,改善了西部地区人民生活品质,提高了人民对生活的享受水平。表4-5列举了西部一些省份的文化体制改革举措及所取得的一些成绩。党的十七大以来，西部地区各省份积极实施县级图书馆建设、县级图书馆修缮和数字图书馆推广工程，大大改善了公共图书服务功能。西部地区 2005 年人均拥有公共图书馆藏量为 0.29 册，而 2011 年则增加至 0.41 册。

表 4-5　　　　　　　　西部各省市文化体制改革举措

省份	文化体制改革
四川	实施"规模化"战略，打造文化产业集群，推动文化资源优化整合
云南	以《云南映象》等为龙头带动全省演艺业的发展，打造一批极富云南民族特色的文化精品
陕西	以西安为中心，关中、陕北、陕南三大板块联动，将文化与科技、旅游、民生、金融相结合，建设一批新兴文化园区
甘肃	全面完成甘肃省市县广电网络的整合，基本实现省市县三级网络贯通。全面完成文化市场综合执法改革和综合文化行政责任主体组建工作
青海	稳步实施文艺院团改革、文化市场综合执法改革、党报党刊经营运行机制改革、有线广电网络整合等八项改革
广西	推行人员聘用制度、创新自治区直属剧团经费投入方式、创新文化企事业单位体制
重庆	陆续整合重庆歌乐山革命纪念馆、红岩革命纪念馆等红色革命文化资源，组建红岩联线文化研究发展中心

资料来源：根据网页相关资料整理而来。

十　实施"生态移民"

西部地区地处高寒地区，生态环境较为恶劣，使原居住在生态环境严重破坏地区、自然环境条件恶劣地区的贫困人口实行搬迁，改善他们的居住条件及生活方式。通过推进"生态移民"，重庆、甘肃等省的贫困地区人口生活条件和发展条件得到了极大的改善，生态环境的压力也得到了有效缓解。

表 4-6　　　　　　　　西部地区各省市"生态移民"情况

省份	"生态移民"成效
重庆	截至 2008 年年底，累计建设医院、学校、公路等项目 1165 个，受益人口达 39 万人
宁夏	安置"生态移民"35 万人，预计 2010—2015 年要完成搬迁中南部地区 7.88 万户，共计 34.6 万人迁到近水、沿路、靠城等发展条件较好的地区

续表

省份	"生态移民"成效
甘肃省	"十一五"期间，甘肃全省贫困地区累积实施整村推进移民搬迁1500多个村社，安置人口45万余人
西藏	截至2012年10月，全藏安居工程累计完成投资219.27亿元，改善了35.05万户农牧民的生活条件

资料来源：根据张义学《西部民生，十大德政》整理。

第五节　西部社会管理创新举措

进入21世纪以来，我国社会经济得到了较快发展，经济增长速度达到了前所未有的高度，但是社会矛盾和社会问题也不断凸显，因此，社会管理创新受到党中央高度重视。2004年6月，党的十六届四中全会上提出要"加强社会建设和管理，推进社会管理体制创新"；2007年，党的十七大报告中再次指出要"建立健全党委领导、政府负责、社会协同、公众参与的社会管理格局"；2009年底，全国政法工作电视电话会议更强调了"社会矛盾化解、社会管理创新、公正廉洁执法"三项重点工作。自此以后，社会管理被纳入完备的体系性框架之中，成为指导我们党精神文明建设的重要纲领。

社会管理作为人类社会不可缺少的重要活动之一，一直受到管理者重视。它指以维系社会秩序为目标，对社会构成的各个方面、社会生活的各个领域以及社会发展的各个环节进行协调、组织和管理，实现社会系统和谐运行与良性发展。其内容包括协调社会关系、规范社会行为、促进社会公正、关注社会民生等。而社会管理创新则是指在现有社会管理条件下，运用现有的资源和经验，依据政治、经济和社会的发展态势，尤其是依据社会自身运行规律乃至社会管理相关理念和规范，研究并运用新的社会管理理念、知识、技术、方法和机制等，对传统管理模式及相应管理方式和方法进行改造、改进和改革，建构新的社会管理机制和制度，以实现社会管理目标。社会管理创新以社会管理的存在为前提，以社会管理为基础的革新与改良。社会管理的目的在于通过开展各项管理活动，化解社会矛盾，从而稳定社会秩序，保障社会、经济各项工作扎实推进，产生更多经济效益，真正增进人民福祉，提高人民群众生活的水平，而要推动社会管理工作顺利开展，各级政府应树立正确的服务理念，坚定正确的发展方向，着力解决制度建设，完善各项职能，建立健全政策法规，实现科学高效管理，提高行政办事效率。

当前，我国经济取得了飞速发展，但社会中仍然存在许多不如人意之处，社会秩序仍需要进一步改善，居民收入差距有增大的趋势，这就使得我国社会问题明显增加且变得越来越复杂，各级人民政府面临的不确定性因素也逐渐增多，社会矛盾逐渐尖锐。因此，加强社会管理无疑成为当前各级政府要思考的重要课题。

重庆市从自身实际情况出发，以机制创新为重点，积极探索创新，全方位破解社会改革难题，实施了建立市级社会形势分析联席制度、流动人口"一证通"制度等若干极富重庆特色的改革举措，取得了让人满意的明显成效。

表4-7　　　　　　　　重庆社会管理创新举措

举措	具体内容
统筹城乡户籍制度改革	颁布《重庆市统筹城乡户籍制度改革意见》和《重庆市户籍制度改革配套方案》，合理设计主城区明确远郊区县城、乡镇"三级"户口准入标准，并建立相关的配套机制以确保各类群体进城落户后享有和城镇居民相同的基本公共服务。创新设计"355"政策体系，解决农民进城的后顾之忧
基层一体化	在乡镇整合信访、派出所等基层力量，建立"六位一体"的工作平台；在村整合警务、民兵、消防等工作力量，建立"七位一体"的工作平台，最终形成治安联合防范、矛盾纠纷联合调处、重点工作联勤联动、突出问题联合治理、基层平安联合创建、工作实绩联合考核的六联机制[①]
深入基层	"三进三同"：进基层、进村子、进农户，深入到农村一线、深入到农民群众中；同吃、同住、同劳动，吃住在农民家中。"结穷亲"：领导干部深入乡村基层，与当地贫困百姓结打成一片认真倾听群众的诉求，了解其实际困难，帮助穷困的乡亲提高生活水平
提升社会管理科技含量	建设技术防控设施，利用信息化手段提升管理水平
开展网络问政与服务	在各大论坛注册官方ID"重庆检察"，与网民进行交流，倾听他们的意见

资料来源：根据孙元明《创新社会管理，促进公义和谐——重庆社会管理创新的探索与经验》一文内容整理。

---

① 孙元明：《创新社会管理，促进公义和谐——重庆社会管理创新的探索与经验》，《2011年贵州省社会科学学术年会论文集》，2011年。

内蒙古鄂尔多斯市在社会管理创新中坚持以人为本的执政理念,以民生为核心,大胆探索实践,作为全国 35 个社会管理创新综合试点之一,将创新社会管理作为推动经济社会又快又好发展的重要动力。鄂尔多斯市从工作机制创新、社会管理理念创新、社会管理体制机制创新、社会管理手段创新和基层社会管理模式创新这五个方面进行探索实践,取得了一定成效,但是由于后期管理不善出现了问题,因此,其可持续性有待于验证。

表 4 - 8　　　　　　　内蒙古鄂尔多斯市社会管理创新举措

举措	具体内容
工作机制创新	组织社会管理创新知识讲座以解放思想;成立社会管理创新工作委员会;出台《关于社会管理创新综合试点工作的实施意见》等政策措施,安排专项经费 2000 万元以确保社会管理创新工作的顺利开展;将社会管理创新工作与绩效评定相挂钩
社会管理理念创新	确立"为鄂尔多斯人民生活的更幸福"的理念,加大对民生和社会保障的投入;实施"四个一"配套工程,以推进城乡统筹
社会管理体制机制创新	1. 建设公共安全体系:"控得住、查的清、调得出、用得上";2. 建设应急管理体系:建立健全 22 个应急管理机构和预案;3. 建设社会稳定风险评估体系:建立"红、黄、绿"三级社会稳定风险评估体系;4. 建设流动人口服务管理体系:推广实施"居住证"管理和"集宿制"管理,创建劳动力服务中心;5. 建设矛盾调处体系:成立"大调解"工作领导小组,组建"五级"调处网络,实行"六前"工作法,形成"六大对接"机制;6. 建设特殊群体服务管理体系:建立青少年法制教育基地、刑释解教人员过渡性安置基地以及流浪未成年人救助保护和精神卫生中心
社会管理手段创新	运用数字化、信息化、网络化等科技手段,建立数字化管理平台,力争实现"数字鄂尔多斯"
基层社会管理模式创新	1. 大力建设基层群众自治组织,创立"四权四制"村级自治新机制;2. 大力建设基层党组织,创新"一统三化"的党建模式;3. 加强基层政法综治组织建设,构建"三位一体"的大调解工作体系;4. 健全和完善社区服务管理体系,力争实现"数字社区、和谐社区、幸福社区、平安社区"

资料来源:根据张国强《民生视角下地方政府社会管理创新的经验及启示——以内蒙古鄂尔多斯市为例》一文内容整理。

云南省拥有我国最多的民族，各民族生活习惯及风俗各不相同，从而加大了统一管理的难度；同时，云南省与东亚、南亚国家接壤，拥有4061公里的边境线，地缘政治复杂，受周边国家局势影响较大。当前，云南省处于社会转型期，经济则处于转轨期，各项矛盾凸显，加之自然灾害等严重影响到了云南省社会安定团结局面，以及人民幸福生活，这对云南省提出了严峻考验，为了化解各种矛盾，维护社会安定团结，云南省委省政府在少数民族地区积极探索社会管理创新工作，并取得了一定的成效。

表4-9　　　　　　　　云南省少数民族地区社会管理创新举措

举措	具体内容
居民小区"三色管理"	昆明市公安局五华分局红云派出所建立居民小区社会治安"三色管理"模式，充分调动物业管理公司参与治安防控的积极性，使得小区的治安环境得到了改善
大力发展园区、县域和民营经济	1. 重点发展园区经济，强调园区经济的功能整合；2. 深化"扩权强县"改革，大力推进县域经济的发展；3. 破解民营企业所面临的一系列发展"瓶颈"，包括融资难、用地难、审批难等
加强改进信访工作	1. 畅通信访渠道，积极探索"网上信访"；2. 成立信访联席会议及专项工作组，妥善解决信访事件，力争满足群众的合理诉求；3. 依法维护信访秩序，完善信访工作机制
落实民族工作	促进民族地区社会事业的发展，完善民族区域自治制度，着力培育少数民族骨干队伍
管理创新	1. 加强与周边国家的合作交流；2. 实施"16118"政策，解决云南水电开发任务重、移民安置问题多的问题；3. 引导各类社会组织积极参与到政府主导的工作中来以发挥其积极作用，对从事非法活动的社会组织则予以坚决打击；4. 实施防震减灾十大能力建设、地质灾害防范十大措施，加强对自然灾害的防范能力；5. 实施"七彩云南保护行动"、九大高原湖泊治理计划、森林云南建设等工程，加强云南生态建设和环境保护

资料来源：根据李昶《云南省少数民族地区社会管理创新研究》一文内容整理。

第五章　甘肃经济社会跨越式发展现状、模式和经验

第一节　甘肃经济社会跨越式发展目标

2010年10月29日至11月2日，甘肃省召开第十一届委员会第十次全体会议，会议总结并评价了"十一五"期间甘肃省经济社会发展取得的成就，并通过了《中共甘肃省委关于制定国民经济和社会发展第十二个五年规划的建议》。会议指出，"十二五"期间，甘肃省应该贯彻国家支持甘肃发展的一系列政策措施，以推动科学发展为主题，以加快经济发展方式转变为主线，以显著提高各族人民生活水平和质量为目的，进一步加强基础设施和生态环境建设，强化科技支撑，发展壮大特色优势产业，加快社会事业发展，提高公共服务水平，保障和改善民生，促进社会和谐，锐意改革创新，不断扩大开放，努力推动全省经济社会跨越式发展。[①] 因此，推动甘肃省实现经济社会跨越式发展，是甘肃省在准确把握当前经济社会阶段性特征的基础上提出的符合甘肃省实际情况的发展战略。改革开放三十多年以来，甘肃省抢抓机遇，艰苦奋斗，在社会经济各领域取得了较快发展，社会成效显著，经济水平取得了突飞猛进的发展。但是，甘肃省地处中国西部内陆地区，自然条件严酷、基础设施建设滞后、农业人口众多、经济结构不合理，从而使得甘肃省整体发展落后于中部地区，与东部地区各省份差距更明显。作为发展相对落后省份，甘肃省与全国平均水平的差距仍然存在，2013年，全国GDP达到了568845亿元，而甘肃省实现全年地GDP 5650.2亿元，位居全国第27位，甘肃省要

---

① 《中国共产党甘肃省第十一届委员会第十次全体会议决议》。

实现经济社会跨越式发展的目标，必须要加快其发展速度，才有可能追赶上全国平均水平。就目前发展水平而言，若 2020 年人均 GDP 达到 3000 美元的全国水平来看，全国人均国内生产总值需增加 3.53 倍，而年均增长速度至少达到 6.51%。相比之下，甘肃省要实现该指标需增加 6.51 倍，年均增长速度为 9.82%，分别比全国平均水平提高 2.8 倍和 3.31 个百分点。因此，甘肃省为实现经济社会跨越式发展，缩小与中部、东部地区各省份之间的差距，就必须时刻谨记发展的紧迫性和重要性，为全面建设小康社会打下坚实基础，实现甘肃梦。根据《中共甘肃省委关于制定国民经济和社会发展第十二个五年规划的建议》，甘肃省在"十二五"期间要实现以下几个发展目标：

一　显著增强综合经济实力

全省地区生产总值预期年均增长速度在 12% 以上，2015 年地区生产总值超过 7500 亿元，人均生产总值达到 27300 元，年均增长速度达到 12%。规模以上工业增加值比 2010 年翻一番，年均增长速度达到 15% 左右。全社会固定资产投资稳定较快增长，年均增长速度超过 20%；财政收入年均增长速度达到 15%。五年新增就业人数达到 100 万人，保持物价总水平基本稳定，主要经济指标占全国水平的比重有所增加。

二　调整和优化经济结构

进一步转变经济发展方式，调整和优化产业结构，使 2015 年第一产业比重低于 10%，三次产业结构由 2010 年的 14.0∶48.7∶37.3 调整到 2015 年的 10∶50∶40，初步实现"三二一"的产业结构，且第三产业层次和水平明显提升；同时加大科技投入，实现研究与试验开发经费占地区生产总值的比重达到 1.5%，进一步提升甘肃省的科技创新能力；实现战略性新兴产业增加值占全部工业的比重达到 40%，非公有制工业增加值比重达到 30%；城镇化方面，城镇化率每年平均提高一个百分点，到 2015 年，城镇化水平达到 40% 左右。

三　实现经济可持续发展

大力建设资源节约型和环境保护型社会，到 2015 年，建成国家级循环经济示范区；增加循环经济的比重，强调节水增效，减少污染物排放，实现万元地区生产总值能耗比 2010 年降低 20% 以上，万元工业增加值能耗比 2010 年降低 10%—15%，万元工业增加值用水量比 2010 年降低 30% 以上；工业固体废物综合利用率达到 75%，工业用水重复利用率达到95%；2015年森林覆盖率达到17%左右。

四 提高人民生活质量和生活水平

城镇居民人均可支配收入年均增长速度超过8%，到2015年突破2万元，接近或达到西部地区平均水平；农村居民人均纯收入年均增长速度超过10%，到2015年突破5000元，城乡差距扩大的势头逐步得到控制；五年减少贫困人口200万人，贫困发生率下降至10%以下；进一步改善居民的居住水平，丰富居民的文化生活，扩大居民可以享受的公共服务的范围，保障其民主权利。

五 完善社会事业发展

增加基础教育和职业教育投入，在全省实现普及九年义务教育的目标，使人均受教育年限提高到8年以上；促进教育公平，进一步提高义务教育的水平和质量，使高等教育毛入学率提高10%左右；进一步发展公共医疗卫生事业，实现新型农村合作医疗参保率达到99%左右；健全和完善覆盖城乡的社会保障体系，城镇登记失业率控制在4%以内；提高人民群众的健康素质，使居民平均预期寿命增加一岁；提高公共产品数量和质量；增强防灾减灾能力，提高生活生产安全程度，促进社会安定和谐；不断完善城乡公共文化服务体系。

六 继续扩大改革开放取得新进展

改革方面，加速发展非公有制经济，推进资源性产品价格改革以进一步完善要素市场建设，建立生态补偿机制；加快推进统筹城乡综合改革、政府职能转变和社会管理体制等改革；对外经济方面，加快园区经济发展，力争实现2015年进出口总额达到150亿美元，外商直接投资达到2.2亿美元。[①]

《国务院办公厅关于进一步支持甘肃经济社会发展的若干意见》(2010)又再次提出了支持甘肃未来十年经济社会发展的目标。到2015年，大幅减少甘肃贫困人口，缩小与西部地区平均人均地区生产总值的差距，使城乡居民收入水接近西部地区平均水平；大幅度改善甘肃省的基础设施条件，基本建成空间布局合理、能力负荷充分的综合交通运输体系；大力发展有色冶金、装备制造等特色优势产业。大力发展循环经济，减少单位地区生产总值能耗，增强经济发展的后劲，有效遏制生态环境恶化的

---

① 摘自《甘肃省国民经济和社会发展第十二个五年计划纲要》。

趋势。到2020年，基本实现全面建设小康社会目标，力争实现人均地区生产总值接近西部地区平均水平；基本建成综合运输体系，在生态建设和环境保护方面取得重大突破。大幅提高基本公共服务能力，使人民生活水平和科学文化素质得到明显的提高；建成我国发展循环经济的省级示范区，进一步增强甘肃省科学发展、和谐发展、可持续发展的能力，实现经济发展、山川秀美、民族团结、社会和谐。①

第二节 甘肃经济社会跨越式发展现状

面对西部地区实施"西部大开发"战略第二个十年的发展时机，甘肃省委、省政府紧紧抓住历史机遇，以经济建设为中心，以提高人民的生活水平和生活质量为目的，以加快经济发展方式转变为主线，大力调整和优化经济结构，在西部大开发战略及可持续发展战略指引下，国民经济和社会发展取得了巨大成就，并全面完成"十一五"规划中确定的主要任务和目标。其中，2008年，地区生产总值已达到3176.11亿元，提前两年完成规划提出的3000亿元以上的目标。而人均地区生产总值来看，2007年该指标就已达到10326.33元，提前三年完成规划提出的10000元以上的目标（见表5-1）。

表5-1　　　　甘肃省"十一五"计划目标完成情况

主要指标	"十一五"规划预期目标 预期	预期增长速度（%）	2010年指标值	"十一五"期间年均增长速度（%）
地区生产总值（亿元）	>3000	10	4120.8	11.2
人均生产总值（元）	>10000	9	16097	11.5
社会消费品零售总额（亿元）	1010	11	1394.5	17.1
全社会固定资产投资（亿元）	1750	15	3158.3	29.4

---

① 摘自《国务院办公厅关于进一步支持甘肃经济社会发展的若干意见》，国办发[2010] 29号。

续表

主要指标	"十一五"规划预期目标		2010年指标值	"十一五"期间年均增长速度（%）
	预期	预期增长速度（%）		
进出口贸易总额（亿美元）	50	15	74.03	23.0
粮食产量（万吨）	>800	—	958.3	
城镇居民人均可支配收入（元）	11900	8	13188.55	10.3
农村居民人均纯收入（元）	2630	6	3424.65	11.6
城镇化率（%）	>35	—	32.6	
城镇登记失业率（%）	4.6左右		3.2	
高等教育毛入学率（%）	20	—	22	
单位生产总值能耗（吨标准煤/万元）	<2	-4	1.44	-8.6
化学需氧量（万吨）	<16.8	-7.7	16.8	
二氧化硫排放量（万吨）	<56.3	0	55.2	

资料来源：《甘肃省国民经济和社会发展第十二个五年计划纲要》及《中国统计年鉴》。

由表5-1可以看出，除城镇化率指标以外，甘肃省已经完成"十一五"规划中的主要经济指标，为实现经济社会的跨越式发展奠定了坚实基础。国民经济平稳较快增长，"十一五"期间甘肃省地区生产总值实现了巨大突破。2005年，甘肃省GDP为1933.98亿元，而2010年则达到4120.8亿元，增长了两倍多，年均增速突破10%，达到了11.2%。2010年甘肃省人均地区生产总值则达到了16097元，"十一五"期间年均增速为11.5%，超过预期增长速度9%、2.5个百分点。

一 消费和投资增长较快

2010年，甘肃省实现社会消费品零售总额1394.5亿元，"十一五"期间年均增速达到17.1%；而全社会固定资产投资2010年达到3158.3亿元，比2005年的870.4亿元增加了3.6倍，年均增长速度高达29.4%。

二 农业经济形势良好

粮食生产能力跃上900万吨新台阶，2010年甘肃省粮食产量达到

958.3万吨，在全国所占比重有所提高。农业机械化、水利化、电气化等现代化水平逐年提升，较大改善了农业生产条件。此外，新农村建设取得重大突破，农业综合生产能力大幅增强。为了改善农村生产和生活的条件，甘肃省大力建设"六小工程"，新增节水灌溉面积410万亩，新增农村户用沼气73万户，解决了农村616万居民的饮水安全问题，累计完成农村等级公路改造达10.2万公里。

三 工业经济持续较快增长

"十一五"期间，甘肃认真落实工业强省战略，工业经济得到持续较快的增长，成为甘肃经济稳步发展发挥的重要动力。2010年，甘肃省工业增加值为1602.87亿元，全省工业增加值年均增长16.6%。其中，2006年规模以上工业企业增加值完成77421亿元，同比增长17.3%，2009年完成1136.71亿元，与2008年相比增长了10.6%。2006—2010年，全省累计完成工业固定资产投资3717.7亿元，"十一五"期间年均增长率达到33.1%。一批重大项目如酒泉千万千瓦风电基地一期、兰州石化70万吨乙烯、550万吨常减压、180万吨汽油加氢等建成投产，使甘肃省工业经济的市场竞争力进一步提高，整体水平有了较大提升。

四 城乡居民收入稳步增长，人民生活水平逐步提高

2010年，甘肃省城镇居民人均可支配收入为13188.55元，"十一五"期间年均增速为10.3%；而农村居民人均纯收入为3424.65元，年均增速达11.6%，比城镇居民人均可支配收入年增长率提高1.3个百分点。全省大口径财政收入和地方财政收入年均分别增长24%和23.4%，分别达到745.3亿元和353.6亿元。① 同时，财政支出由2005年的429.4亿元增加到2010年的1245.6亿元，财政支出结构不断优化，全力保障了民生建设各类重点项目支出。

五 经济可持续发展能力不断增强

2010年，甘肃省化学需氧量和二氧化硫两大主要污染物排放总量，相比2005年分别下降了8%和2%，基本完成了节能减排的指标任务，2010年单位生产总值能耗为1.44吨标准煤/万元，"十一五"期间年均降低8.6%，森林覆盖率则由2005年的13.4%提高到2010年的15.1%，增效明显。

---

① 《甘肃省国民经济和社会发展第十二个五年计划纲要》。

六 公共服务水平不断提高、民生得到持续改善、社会事业取得长足进步

首先，全面实施城乡免费义务教育，甘肃省实现了全省普及九年义务教育，提升高等教育质量和水平，2010年，高等教育毛入学率达到22%，比"十一五"规划的预期目标提高了两个百分点。

其次，不断完善并建立健全多层次的社会保障体系，扩大社会保障覆盖范围，城市低保、医疗保险等工作取得突破性进展，城乡低保基本实现动态管理下的应保尽保，城镇职工基本医疗保险、城镇居民基本医疗保险、新型农村合作医疗三项基本医保参保率超过90%，完成全省医改目标。

最后，扶贫工作取得新进展，"十一五"期间，甘肃省累计减少贫困人口241万人。

七 基础设施建设取得显著成效

完善的基础设施运营和服务对于提高要素生产力，降低总体生产成本，促进地区经济社会发展具有重要作用。交通、邮电等通信设施的发展为当地居民提供了更多的就业机会，还丰富了甘肃省人民的消费选择。通信基础设施则能为现代技术在经济部门的应用提供便利；"十一五"计划开展以来，甘肃省大力发展公路、铁路、民航等基础设施建设，全省已经初步形成具有一定规模和运输能力的交通运输体系，有效地缓解了一直以来制约甘肃省社会经济发展的"基础设施瓶颈"困境。2010年，甘肃省公路通车里程达到11.7万公里，"十一五"期间新增7.35万公里；其中，高速公路达到2046公里，五年以来新增398公里；铁路营运里程达到2880公里，五年内新增416公里。

八 改革开放深入推进

国有工业企业改制重组基本完成，接近90%的国有、集体流通企业完成了以身份置换和产权置换为核心内容的改革。粮食、农垦、流通和公路交通等领域国有非工业企业改革加快推进，农村土地流转、集体林权制度、水利工程管理体制等涉农改革取得重要进展。[①] 同时，加快开发园区建设，其中，金昌、天水、白银三个开发区成功升级为国家级开发区，为地区经济发展提供广阔平台；省际区域间经济合作取得新成果，一些国内

---

① 《甘肃省国民经济和社会发展第十二个五年计划纲要》。

外知名的大型流通企业集团纷纷落户甘肃。

九 信息化建设取得突破

近年来,甘肃省加快电信网、广播电视网、计算机信息网三大网络建设,逐步建成了围绕全省经济发展的物理网和资源网。2011年,甘肃省完成邮电业务总量195.38亿元,比2010年年增长17.76%。其中,电信业务总量187.91亿元,增长17.86%;邮政业务总量7.47亿元,增长15.12%;此外,甘肃省光缆总长度达20.96万皮长公里,宽带网络覆盖全省县级以上城市及98.77%的乡镇,年末互联网宽带接入用户达到145.63万户,比2010年末增长32.97%;3G和"无线宽带"网络覆盖全省市州县和发达乡镇。在广播电视业方面,甘肃省目前已建成广播与电视、无线与有线、中短波与调频、卫星与光纤网络等技术手段相结合的传输网与广播电视网,基本形成微波、光缆、卫星互为补充的传输、覆盖网络。[①]

表5-2 2011年甘肃省邮电通讯状况

电话交换机总容量(万门)	691.61
宽带交换机端口容量(万个)	136
移动电话交换机总容量(万门)	1800
固定电话交换机总容量(万门)	800
固定电话用户(万户):	396.43
城市用户(万户)	269.93
农村用户(万户)	126.51
移动电话用户(万户)	1613.57

资料来源:《甘肃省2011年国民经济和社会发展统计公报》及《甘肃统计年鉴》。

十 特色优势产业取得重大突破

第一,甘肃省拥有全国著名的马铃薯生产加工基地、酿酒葡萄基地、中药材生产加工基地、玉米种植基地等,规模化生产大幅度提高,马铃薯、酿酒原米、食用百合、制种业、中药材等特殊农产品加工行业发展迅速,已形成规模化发展;平凉地区的林果、河西地区的蔬菜等区域性明显

[①] 赵培辰:《后发优势视角下甘肃实现跨越式发展研究》,兰州大学,2011年。

的优势产业正在形成,并在全国范围占有一定的比重。甘肃省的科研部门、教学部门大力引进、推广新品种,加大新品种的培育速度,为特色农业发展提供了一批优质、高产品种。例如,甘肃省农业科学院选育的高淀粉新品种晚薯3号,淀粉含量高达24%,是国内培育的第一个淀粉含量超过20%的新品种。

表5-3 2010年甘肃省特色优势农产品基地面积及产量

农产品	基地面积（万亩）	产量（万吨）
马铃薯	968	接近1000
蔬菜	592	1235
中药材	248	52
苹果	402	201
酿酒原料	110	50
杂交玉米制种	142	55

数据来源:根据李向东《甘肃特色农业产业发展研究》一文整理。

第二,西部地区在有色金属冶炼、石油化工及核技术应用等领域的技术处于国内乃至国际的领先水平,并且部分产业基地已经形成(兰州作为西部地区最大的石油化工基地,已经形成了1000万吨炼油和70万吨乙烯的生产能力)。因此,通过改造石化、冶金、有色及装备制造业等传统产业,已经成为当务之急。

第三,依托兰州铁路交通枢纽和主干线建设的便利条件,兰州市已经成为西部地区最重要的商贸中心,其商贸物流业得到了较快发展。通过建设面向西部和中亚的兰州物流基地,将有利于搭建物流信息平台,方便中东部地区及国外地区与甘肃的交流。兰州商贸物流业的开展,为甘肃省工业企业的流通提供了充足保障,同时借助于"一带一路"战略的提出,为甘肃省经济的再一次腾飞提供了政策支持,必将利用其现有区位优势对周边省市乃至全国形成辐射带动作用。

第四,新能源产业加速发展,千万千瓦级风电基地一期工程全面完成,风电装机容量达到550万千瓦,敦煌20兆瓦光伏示范项目并网发电。甘肃省总装机容量达到2600万千瓦,新增电力装机1672万千瓦。[1] 河西

---

[1] 《甘肃省国民经济和社会发展第十二个五年计划纲要》。

新能源基地建设速度加快,风电成套机组和关键零部件、太阳能光伏光热发电成套设备及关键零部件的研制与生产有了较快发展。

第五,旅游业发展取得显著成绩,"十一五"期间,甘肃省旅游接待总人数突破4000万人次,甘肃省地处特殊的地理环境,同时具有丰富的人文资源,为开展旅游业提供了双重保障,奠定了旅游大省的地位,可为国内外游客提供自然、人文景观的体验,既具有地域特色,又颇具历史色彩。其中,敦煌莫高窟、伏羲文化节、丝绸之路遗迹等均是极具影响的人文景观;丹霞地貌、沙漠冰川等自然景观;香巴拉节、古河州文化节则更具民族风情。

第六,工业园区水平得到提升,推动了特色优势产业的发展。甘肃省从2000年开始以市场为依托,在天水、白银、酒泉、张掖、临洮、榆中、临夏、金川、嘉峪关等地相继建立了10个工业园区,《国务院办公厅关于进一步支持甘肃经济社会发展的若干意见》中也指出:"大力支持兰(州)白(银)核心经济区率先发展。建设兰(州)白(银)都市经济圈,积极推进兰州新区、白银工业集中区发展"。目前,兰州高新技术开发区、白银市西区和金昌市东区工业园区已经颇具市场规模,园区内软硬环境有了明显改善,服务水平有了很大程度提高,工业园区的开展,带动了相关产业发展,为地区经济增长发挥了重要影响。

表5-4　　　　　　　甘肃省境内产业带及其特色优势产业

产业带	特色优势产业
兰州—白银产业带	有色冶金、能源电力
兰州—定西产业带	装备制造业、高新技术产业
兰州—临洮产业带	现代农业产业
兰州—临夏产业带	地方特色工业、旅游业
兰州—永登产业带	建材、旅游业
兰州—红古产业带	石油化工、有色冶金、能源与新材料

资料来源:根据赵培辰《后发优势视角下甘肃实现跨越式发展研究》一文整理。

第七,城镇化总体保持健康、稳定的发展势头,但仍存在着部分问题。首先,城镇化水平偏低,整体发展速度明显落后于工业化水平。2011年,全国城镇化平均水平为51.27%,甘肃省城镇化率则仅为37.2%,只高于云南、贵州和西藏。而2011年三次产业结构为13.51∶50.28∶36.21,城镇化率比工业化率低了大约13个百分点，较低的城镇化率制约了工业化的进展，由于发展速度低于工业化水平，使得甘肃省整体工业化进程缓慢，与东部地区发达省份差距较大；其次，城镇化结构不均衡，地区差异明显。由于兰州与河西地区占据了全省一半以上的城市数量，城镇化水平高于全省平均值；尽管定西、平凉、陇南等地区人口基数大，但城镇化水平却比较低；由于河东区域城市数量少，但集中了多数人口，城镇化水平较低。总体而言，甘肃省城镇化在空间上呈现出"东弱西强""东慢西快"的不均衡格局；再者，城镇体系不健全。全省16座城市，只有兰州市的综合职能较为突出[①]，其他中小城市规模较小，职能比较单一，经济实力不强，公共服务不足，集聚效应不强，对区域的辐射带动作用也比较有限。特别是资源型城市，产业结构仍以工业为主，工业产品又以低加工、低附加值的初级产品为主，可持续发展能力较弱；最后，城市建设和居民生活水平偏低。从反映城市建设和居民生活水平的一系列指标如建成区绿化覆盖率、用水普及率、人均城市道路面积等来看，甘肃省与全国其他地区相比相对落后。

第三节 西部经济社会跨越式发展模式和路径

跨越式发展是一种新的发展方式，是指欠发达的国家或地区为了缩小与先进国家或地区之间的经济差距，直接吸收其先进的科学技术、制度和管理经验，通过实施不平衡和超常规的发展战略，先在重点行业、重点领域和重点地区率先进行突破，并促进和带动其他行业、其他领域和其他地区快速跟进，最终实现经济社会发展水平整体跃升的一种新的发展方式。西部地区经济社会如何赶超中、东部，顺利实施跨越式发展，关键在于选择正确的发展模式和路径。因此，对西部各地区经济社会跨越式发展模式和路径进行研究并总结其经验，对于西部欠发达地区实施跨越式发展战略具有重要指导及借鉴意义。

为摆脱西部地区经济社会发展的落后局面，实现跨越式发展，林海

---

① 刘宏周：《甘肃城镇化存在问题及解决路径》，《学术纵横》2011年第11期。

(2004) 认为西部地区可采取三种模式。第一，内生模式，即以西部经济已进入良性循环的城市或大企业为中心，形成一定辐射作用，通过对周边地区形成示范作用，改变传统落后行为方式，最终达到整个西部经济进入良性循环的目的。例如，以重庆、成都、西安、兰州等大城市为中心，向外辐射，带领整体西部经济步入良性轨道。第二，外促模式，即借助外部（如中央政府）的强力作用，改变西部地区传统和落后的行为方式，促使西部地区走上良性发展道路，并通过逐渐减小外部作用强度，最终实现西部地区自身良性循环。第三，内外结合模式，即内生模式和外促模式的综合型，它既克服了内生模式发展速度较慢的缺点，又在一定程度上解决了外促模式对外部依赖性较强的问题，能够充分调动西部地区自身的积极性和主动性。通过将中部、东部地区成功的发展经验移植入西部地区，根据实际情况，因地制宜，制定适合本地区发展的路径，带动经济增长。如四川绵阳、甘肃天水、陕西汉中等自然资源、经济条件较好、有一定基础的城市，应该采取内外结合的发展模式。

甘肃省肃北县深入挖掘自身的自然禀赋优势和区位优势，抓住创建"两个共同"示范县的机遇，积极争取项目，全力推进全县经济社会的跨越式发展（见表5-5）。

表5-5　　　　　　　　甘肃省肃北县跨越式发展路径

路径	具体内容
加大招商引资的力度，狠抓项目	投资6000万元引进优质种畜、建设标准化暖棚等全县计划建设重点项目178项招商引资签约额120亿元
实施人才强县战略	设立甘肃省民族宗教代表人士肃北县培训中心围绕优势产业培养企业管理人才和专业技术人才
维护民族团结	举办中国西部那达慕大会加大民生投入，扩大农民收入渠道，提高医疗机构报销比例和大病补助标准
依靠对口援建促进发展	"1414对口支援计划"：通过对口支援计划在人才培育、信息化建设、工业园区建设等方面达成一批项目投资发展意向

资料来源：《"两个共同"助推肃北经济社会跨越式发展》。

广西省百色市跨越式发展路径包括创新县域经济发展思路、发挥资源优势以大力发展特色经济、实施项目兴市等六个方面（见表5-6）。

表 5-6　　　　　　　　广西省百色市跨越式发展的路径

发展路径	具体内容
创新县域经济发展思路	"块状推动"：整合资源，建设"右三角"特色经济区，淡化区域之间的恶性竞争重点建设一个中心城市百色和两个次中心城市平果、靖西，以中心城市带动城市发展，以中心城镇带动乡村发展
发挥比较优势，大力发展特色经济	1. 促进生态铝的产业化，奠定"生态铝"产业经济的龙头地位；2. 打造现代农业产业基地，建立现代研究机构以加强科技人才对农业的支撑；3. 发展红色旅游业、绿色旅游业、民俗文化旅游业等生态旅游业；4. 建设高速公路、铁路、机场等交通基础设施，构建口岸等边境贸易点，将百色打造成出海通边的交通枢纽；5. 打造铝产品、生态农业产品等的商贸物流集散地，以先进的技术促进百色物流产业的升级，构建现代物流网络；6. 在右江河谷地带建设"城市田园式"特色城镇带
实施项目兴市战略	狠抓项目建设，以项目形成产业集群带动百色经济的发展"十一五"期间全市有 2000 多项投资在 1000 万元以上的重大项目
打破资金"瓶颈"	1. 激活民间资本：大力发展民营经济，鼓励民间资本参与国有闲置资产的盘活；2. 吸引外来资本：吸引外来资本直接投资本地优势产业，或参与本地优质资产的重组
大力发展园区经济	改善投资环境，吸引国内外企业到工业园区进行投资，推动百色产业集群经济加速发展
完善政策体系	1. 出台鼓励非公有制经济发展的政策：《关于加快非公有制经济发展的决定》《加快非公有制经济发展的十七个配套文件》；2. 出台工业园区的发展政策，扶持工业园区的产业发展

资料来源：根据谢岭华《百色区域经济跨越式发展的路径及其对策研究》整理。

重庆市长寿区区域发展战略可以称为"嵌入式融入都市圈"。其发展机理源于"发展的内生"，区别于经济中心城市"摊大饼"式扩张方式不同，该发展机理通过现代网络平台，借助于改革开放契机，将机遇加以"内生化"，从而实现跨越式发展。

表5-7　　　　　　　　重庆市长寿区跨越式发展路径

路径	具体内容
树立正确的发展战略思路	1997年，长寿被定位为"区域中心城市"，2007年中共长寿区委做出"加快融入主城发展"的决定。长寿突破了以往副食品供应基地的定位，形成了整合内外资源的新战略
构建发展平台	1. 构建长寿化工园区这样一个发展平台，该园区已经成为长寿实践高起点跨越式发展的亮点；2. 实施"三地一中心"战略：建设重庆工业高地、建设都市农业基地、建设休闲旅游胜地；以桃花新城片区开发为龙头，把长寿建设成为山水园林生态新兴都市中心区[①]
形成可持续的发展体制	1. 各届政府在区域发展战略思路上具有连续性，新政府的思路是在旧政府思路基础之上的创新；2. 科学地制定规划，并维护其权威性；3. 培育有核心竞争力和持续盈利能力的企业

资料来源：根据刘雪颖《区域经济跨越式发展的机理研究——以重庆市长寿区为实证基础》整理。

云南省迪庆藏族自治州跨越式发展的轨迹以市场为导向，走出了一条可持续发展之路，借助于得天独厚的旅游资源及人文特色，实现了跨越式发展（见表5-8）。

表5-8　　　　　　云南省迪庆藏族自治州跨越式发展路径

路径	具体内容
制定合理的产业政策	1. 发挥迪庆旅游资源、矿产资源等比较优势；2. 以市场为导向进行产业开发；3. 走可持续发展之路
推进教育的现代化	1. 实施办学改革，整合教育资源；2. 大力培养本土化专业人才以支持藏区特色产业的发展；3. 增加对教育的投资，改善办学条件；4. 实行双语教学

---

① 刘雪颖：《区域经济跨越式发展的机理研究——以重庆市长寿区为实证基础》，《重庆大学学报》2009年第15卷第6期。

续表

路径	具体内容
依靠投资的拉动作用	调整投资结构，大力建设基础设施和生态环境设施，推进产业结构的进一步优化
推进城镇化建设	1. 借助产业开发、生态移民工程、异地扶贫搬迁等实现人口和经济要素的集聚；2. 通过集中办学和城镇化吸引农牧民进城；3. 形成以香格里拉县城为主，辐射其他两县县城和经济开发区、主要交通沿线及重点旅游景区（点）的城镇体系[①]；4. 深化城乡户籍制度改革
改革创新	坚持农业产业化、城镇化、新型工业化和教育现代化四轮驱动的战略大力推进投融资体制改革、资源价格改革、集体林权制度改革和农村综合配套改革
引进大企业开发优势资源	迪庆州政府与昆钢集团、云铜集团等6大企业集签署了《战略合作协议》，使优势资源集中于优势企业，并以此对优势资源进行高起点、规模化地开发

资料来源：根据王德强、史冰清《云南藏区跨越式发展的实践与探索》整理。

内蒙古自治区兴安盟以市场为导向，走新型工业化道路，加速产业化进程，并以县域经济的突破为核心，推动了兴安盟经济社会的跨越式发展（见表5-9）。

表5-9　　　　　　　　内蒙古自治区兴安盟跨越式发展路径

路径	具体内容
推进优势产业快速成长	"三个破题起步、三个初具规模、三个积极培育"，建设"三大基地"
以投资拉动经济	招商引资，整合资源，打造园区大平台，对产业链的关键环节予以扶持
加速产业化	加大在产业基地和企业建设上的投入龙头企业的本土化使得企业的成本降低，保障企业链条的高效运转
以县域经济的突破为核心	优化调整县域的产业结构，加速城镇化建设，将经济发展、城镇建设和文化建设三者结合起来

资料来源：《内蒙古兴安盟跨越式发展突围之战》。

[①] 王德清、史冰龙：《云南藏区跨越式发展实践与探索》，《云南民族大学学报》2011年9月。

陕西省西乡县借助于当地优势，以转变经济发展方式为主线，大力发展农业、旅游业等经济结构，实现了经济社会的跨越式发展之路（见表5-10）。

表5-10　　　　　　　　陕西省西乡县跨越式发展路径

路径	具体内容
大力发展农业	重点发展茶叶、生猪两大产业进一步推进农村路、水、电、气、讯等基础设施建设
实施工业强县战略	依托资源优势发展物流运输、终端开发等上下游产业，逐步完善产业链以提高产品的附加值启动油气衍生品开发的项目，为建设石化产品加工基地做准备
以旅游业促进全县的发展	加快建设樱桃沟、午子山等景区，丰富旅游的内涵，提升旅游的质量完善景区的配套设施，引进新的植物品种
改善民生	1. 提高居民工资；2. 扶持民营经济发展；3. 完善社会保障体系；4. 合理配置教育资源，提高教育教学水平；5. 实施医疗卫生体制改革，推进基本医疗服务均等化进程；6. 有效地解决矛盾纠纷，创新社会管理

资料来源：《陕西西乡县推进跨越式发展》。

四川省依靠推动创新驱动发展战略，实现了经济社会的跨越式发展，其准确地把握了科学发展的工作基调，提升自主创新能力，并出台了《四川省重大科技成果转化工程实施方案（2011—2015年）》等科技政策以加速科技成果转化，加快抢先建设西部科技创新驱动高地（见表5-11）。

表5-11　　　　　　　　四川省跨越式发展路径

路径	具体内容
提高企业自主创新能力	加速建立企业研发中心，将产业技术研究与企业创新结合起来，鼓励企业开展国际科技交流合作
加快科技成果转化	建立多层次、多渠道的成果转化投入机制，建设科技成果转化平台
大力发展高技术产业（园区）	增强高新区的创新能力，推进高新区金融服务、管理体制领域的改革，引进和培育高技术人才，实施"天府科技英才计划"和引进海外高层次人才"百人"计划
深化科技管理体制改革	加快建立现代企业制度和现代科研院所制度，鼓励科研人员在企业和科研院所之间流动，建立科学合理的科技人才评价标准

资料来源：《创新驱动四川发展新跨越》。

贵州省实施"加速发展、加快转型、推动跨越"的"两加一推"战略，谱写了跨越式发展的新篇章。原贵州省委书记栗战书表示："我们必须坚定信心、迎难而上，一方面要千方百计加速发展，把'慢'这个主要矛盾解决好；另一方面要把转变经济发展方式作为主线，把'好'这篇文章做好，谱写贵州跨越式发展新篇章"①（见表5-12）。

表5-12　　　　　　　　贵州省跨越式发展路径

路径	具体内容
建设现代物流网，打破交通"瓶颈"	"七大铁路建设工程"开工，预计2020年建成铁路项目27个，铁路营运里程达到5700公里
寻求合作，引进投资	凭借丰富的资源和"工业化、城镇化"双轮驱动形成的潜在发展空间，贵州省与一大批企业签订了战略合作协议
开展扶贫工作，解决民生问题	建设农村生态家园，实施移民搬迁扶贫工程实施劳动力素质提升工程、城乡社会保障体系建设工程等十大民生工程

资料来源：《贵州以"两加一推"谱写跨越式发展新篇章》。

第四节　甘肃经济社会跨越式发展指标

近年来，甘肃省各地区均根据各自发展特色及外部条件，采取各种举措致力于推动经济社会的跨越式发展，但如何测定和评价跨越式发展的状态和速度一直是政府及学界值得探讨的话题。对这个问题的成功解决不仅能够帮助了解甘肃省实施跨越式发展的现状，而且能够对以后的发展进行科学有效的指导。因此，有必要通过归纳总结国内外相关成功案例进行仔细分析，并建立一套切实可行的跨越式发展指标体系，以引导实施跨越式发展战略。

评价一个地区经济社会跨越式发展的指标应该是全面的、多角度的，不应仅关注传统的量化指标（如发展总量及发展速度），更应着重分析其本质内涵（如经济结构的合理性），只有量与质的结合才能真正全面评价地区发展现状及未来发展潜力。发展总量和发展速度的跨越是判断跨越式

---

① 摘自《贵州以"两加一推"谱写跨越式发展新篇章》。

发展是否成功的基本标准，在此基础之上，落后者还需要跨过先行者的某个发展阶段，在横向水平上实施对先行者的赶超。结合跨越式发展的内涵，本书借鉴刘进军、聂佃忠（2012）《甘肃省经济社会跨越式发展的指标、难点与方案选择》中的方法，以国家统计局所建立的"全面建设小康社会统计监测指标体系"为基准，建立了甘肃经济社会跨越式发展指标，如表5-13所示。

表 5-13　　　　　甘肃经济社会跨越式发展指标

指标	单位	标准值（2020年）
一、经济发展		
人均GDP	元	≥31400
R&D经费支出占GDP比重	%	≥2.5
第三产业增加值占GDP比重	%	≥50
城镇化率	%	≥60
二、社会和谐		
城乡居民人均收入比	以农为1	≤2.80
三、生活质量		
居民人均可支配收入	元	≥15000
恩格尔系数	%	≤40
四、资源环境		
单位GDP能耗	吨标准煤/万元	≤0.84

注：人均国内生产总值、居民人均可支配收入、单位GDP能耗按2000年不变价计算。

一　纵向考虑甘肃省2011年与2020年完全实现全面建设小康社会的差距

如表5-14所示，甘肃省大部分指标距离完全实现全面小康社会还有不小的差距。例如2011年人均GDP的实现程度只有38.8%；R&D经费支出占GDP的比重的实现程度只有38.7%，实际值与2020年的目标值还差1.53个百分点；第三产业增加值占GDP的比重的实现程度也只有78.2%，距离目标值还差10.88%；城镇化率的实际实现程度为61.9%，与2020年所设定的既定目标相差22.85%。由于甘肃省的产业结构偏向于重化工业，不利于节能减排，2011年单位GDP能耗的实现程度为40.3%，与目标值的差距为1.24吨标准煤/万元。

表 5-14　　　　　2011 年甘肃省跨越式发展的纵向差距

指标	与完全实现全面小康社会差距（%）	实际值与 2020 年目标值差距
一、经济发展		
人均 GDP	61.2	19226.36
R&D 经费支出占 GDP 比重	61.3	1.53
第三产业增加值占 GDP 比重	21.8	10.88
城镇化率	38.1	22.85
二、社会和谐		
城乡居民人均收入比	27.0	1.03
三、生活质量		
居民人均可支配收入	58.9	8835.41
恩格尔系数	1.0	0.41
四、资源环境		
单位 GDP 能耗	59.7	1.24

资料来源：根据《中国统计年鉴》、《中国科技统计年鉴》的数据计算而得。

二　横向考虑甘肃省 2006—2011 年跨越式发展的速度与全国水平的差距

从表 5-15 可以看出，2006—2011 年，甘肃省跨越式发展速度总体慢于全国平均水平，仅有"城乡居民人均收入比"这一项指标的发展速度高于全国平均水平（恩格尔系数一项的差距为负值是因为在 2006 年全国的恩格尔系数就已经实现了全面小康的目标）。从各项指标值对应的差距得知，甘肃省已经成为西部地区乃至全国实现经济社会跨越式发展的"梗阻"环节之一。为了与甘肃省跨越式发展的目标相适应，在 2020 年之前，甘肃省每一项指标的年均速度不仅要高于自身 2006—2011 年的水平，更要高于全国 2006—2011 年的平均水平。例如，就人均 GDP 指标而言，其年均速度不仅要高于 2006—2011 年的平均水平 3.31%，而且要高于全国的平均水平 4.55%。

表 5-15　　　　2006—2011 年甘肃省跨越式发展的速度比较　　　　单位:%

指标	甘肃年均速度	全国年均速度	差距
一、经济发展			
人均 GDP	3.31	4.55	1.25
R&D 经费支出占 GDP 比重	-0.68	4.36	5.05

续表

指标	甘肃年均速度	全国年均速度	差距
第三产业增加值占 GDP 比重	-0.17	1.73	1.90
城镇化率	2.02	2.46	0.44
二、社会和谐			
城乡居民人均收入比	1.21	0.83	-0.38
三、生活质量			
居民人均可支配收入	3.01	6.16	3.16
恩格尔系数	1.15	0.00	-1.15
四、资源环境			
单位 GDP 能耗	1.62	3.47	1.84

资料来源：根据《中国统计年鉴》、《中国科技统计年鉴》的数据计算而得。

第五节　甘肃经济社会跨越式发展的机遇和挑战

国务院办公厅 2010 年 5 月 2 日，颁布实施的《关于进一步支持甘肃经济社会发展的若干意见》，重新界定了甘苏省未来发展的定位。《意见》指出甘肃省的区位地理优势突出，战略定位鲜明，是连接欧亚大陆桥的战略通道和沟通西南、西北的交通枢纽，是西北乃至全国的重要生态安全屏障，全国重要的新能源基地、有色冶金新材料基地和特色农产品生产与加工基地；是中华民族重要的文化资源宝库；是促进各民族共同团结奋斗、共同繁荣发展的示范区。但由于受到自然、历史、社会等因素影响，甘肃省经济总量小、发展速度缓慢、贫困人口较多、基础设施建设仍处于相对滞后阶段，经济发展呈现不协调、不平衡的态势。2013 年，甘肃省地区生产总值达到 6300 亿元，排名全国第 30 位；而人均 GDP 为 24668.15 元（约为 3983.10 美元），位居全国倒数第二位，仅高于贵州省。[①] 与东部发达地区省份相比，差距更加明显。为了缩小与东部发达省份之间的差距，与全国同步进入全面小康社会，甘肃必须在新的历史起点上认清形势，肩负时代赋予的责任，充分把握机遇，直面挑战，突出后发优势，巩固比较优势，

---

① 国家统计局。

借鉴其他地区在经济发展中的经验和教训,实施经济社会的跨越式发展。

一 机遇

(一) 国家支持甘肃发展的政策环境

国家实施"西部大开发"战略以来,又先后颁布了多项支持西部地区发展的政策优惠,为西部地区实现跨越式发展提供了必要支持。基于此,甘肃省应努力紧抓发展机遇,借助现有水平,实现更好发展。首先,国家采取了多项举措力推西部地区经济社会大发展,基础设施方面,重点建设了兰渝铁路、兰成铁路等工程,极大改善了西部地区民生建设,带动了地区协调发展,加之国家及地方政府的政策扶持,为甘肃省经济协调发展提供了广阔的空间。特别是《西部大开发"十二五"规划》指出,西部地区加速工业化进程的重要途径之一就在于发展特色优势产业,并对西部地区发展特色优势产业进行了强有力的支持,为甘肃工业指明了发展方向。其次,2009年,国务院批准实施《甘肃省循环经济总体规划》,指出要着力推动甘肃省经济结构的调整和经济发展方式的转变,着力提高经济增长的质量和效益,实现甘肃省经济社会的全面协调可持续发展。再次,2010年5月,国务院办公厅下发了《关于进一步支持甘肃经济社会发展的若干意见》,这是自新中国成立以来,国家层面为甘肃省专门制定的第一个全面系统地促进经济社会发展的指导性文件,它研究了支持甘肃经济社会发展的具体措施,并指出甘肃进一步破解发展的难题。最后,国家支持关中—天水经济区、兰州—西宁经济区以及藏区、革命老区等加速发展的一系列政策措施,也为甘肃实施经济社会的跨越式发展提供了良好的机遇。

(二) 承接产业转移的机遇

2010年,《皖江城市带承接产业转移示范区规划》中,将其纳入国家发展战略,以皖江经济带为核心的中部经济地带积极承接东部地区的产业转移,推动了该地区经济社会的发展。与此同时,西部经济欠发达地区也面临着类似的发展机遇。一方面,珠三角经济区、长三角经济区和环渤海经济区、闽东南地区等地区生产要素的价格不断上升,削弱了传统产业的发展优势,外延型的经济发展方式难以为继,加之受国际金融危机的严重影响,沿海地区亟须优化产业结构,转变经济发展方式;另一方面,伴随西部地区基础设施建设的不断完善,要素成本的优势逐渐显现,各产业的发展潜力较大,具有广阔的可供发展空间。

在国际经济一体化和全球化的背景下，加快产业转移，由东部沿海地区向西部地区过渡，形成更加合理有效的区域产业分工格局，已成为国家促进区域协调发展的重要手段。经过多年发展，目前，西部地区已承接部分产业，为加快产业布局调整及经济方法转变提供了便利。甘肃省更应因地制宜，进一步融入国家经济一体化中，承接中东部地区相关制造业、生产性服务业和知识技术密集型产业。同时，借助"一带一路"等发展机遇，甘肃省还应将有色、冶金等传统优势产业跨出国门，参与国际合作及竞争，争取抢占国外市场制高点。

（三）特色农业前景看好

西部大开发战略中，支持特色优势产业发展成为重点发展方向之一。由于甘肃省地理位置原因，光照条件较好，昼夜温差等环境因素造就了天然的植物培养环境。甘肃马铃薯、食用百合、中药材等具有特色农业的产品已经成为布局并得到了飞速发展，规模化生产大幅度提高，质量安全水平也有所提升。伴随城镇化发展进程，农业生产基地也已经逐渐向西部内陆地区转移。市场对特色农业的需求也呈现出增长态势，甘肃的马铃薯、优质水果、中药材、牛羊肉、高原夏菜等特色农产品深受国内国际市场的青睐，销售渠道得到不断拓宽，具有广阔的市场前景。此外，以特色农产品为原料的龙头加工企业得到了政府政策和资金的支持，这些企业的快速成长将进一步增大甘肃省优势特色农产品的市场份额。

（四）社会主义新农村建设带来机遇

甘肃省"十二五规划"中，提出要大力推进农业产业化发展和市场化经营。可以预见的是，伴随产业化进程的逐渐深入，农副产品深加工、中医药制品业等新兴产业将具有巨大的发展潜力，加之农村基础设施建设逐步加快，又将为建材、机械等行业带来新的发展需求。因此，甘肃省的社会主义新农村建设将为工业发展带来新的发展需求，也为甘肃全面实施经济社会跨越式发展带来机遇。

二　挑战

（一）市场竞争力不强

在市场经济条件下，地方政府采取各种行政手段扶持本地企业发展，用以推动当地经济发展，并从国家争取更多投资项目和更好政策空间。伴随区域间经济竞争程度加剧，各个区域均形成了独具特点且相对独立的利益主体，并已逐步形成了珠三角经济区、长三角经济区、环渤海湾经济区三大世界级的制造中心，带动了区域地区经济发展速度与规模。

除此之外，在承接东部发达地区和国际产业转移方面，中西部各省份之间也将形成激烈的竞争，并在资金、技术、市场、人才等各环节展开争夺，这使得甘肃省在财税、金融等关键性政策上面临一定程度的"挤出效应"。另外，部分针对西部地区的优惠政策已经越来越具有普惠性，而甘肃省经济基础薄弱，即使与西部其他地区相比，其自我发展能力和市场竞争力也不强。因此在地区竞相发展的大趋势下，甘肃省实施经济社会的跨越式发展无疑将面临更大挑战。除来自国内的挑战以外，经济全球化也使得甘肃工业企业将面临国外优势企业的竞争与挑战，尤其是甘肃省的石化、机械、钢材等支柱产业，将面临严峻的挑战。

(二) 脆弱的生态环境与粗放型的发展方式之间的矛盾

甘肃省处于我国西北内陆，属于西部干旱区、青藏高原区和东部季风区，生态环境相对脆弱，恶劣的自然环境是甘肃省实现跨越式发展所面临的最大考题。加之甘肃省在过去发展过程中，以高污染、高能耗、低产出的粗放式经济发展模式为主，过度注重经济发展的速度，而忽视了对自然环境的保护，生态恶化、资源枯竭等问题随之产生，使甘肃省工业发展陷入"低水平发展循环"的困境之地。以 2008 年为例，甘肃省重工业增加值占工业增加值的比重为 86.8%，其能源消费量占工业能源消费量的比重则高达 95.7%，特别是石油、化工、有色、冶金、电力、建材这六大支柱产业，其能源消费量占工业总能耗的 92.4%，均属于高耗能产业。

(三) 科技创新与经济发展不适应

科技创新是开发新产品、获取新效益的主要手段。现代经济增长理论认为，科技创新是企业发展的动力、经济增长的源泉、经济发展方式能否转变的关键。为顺利实现经济社会的跨越式发展，甘肃省科技创新能力必须有所作为。第一，甘肃省科技投入整体不足。2012 年，全国研究与开发经费支出占 GDP 的比重为 1.97%，而甘肃省的比重仅为 1% 左右，甘肃省要实现 2020 年 R&D 经费支出占 GDP 比重达到 2.5% 的目标，就必须保证 2012—2020 年 GDP 平均增速达到 16.7% 的发展水平，R&D 经费支出年均增速要高达 16.7% 左右。第二，甘肃省自主创新能力不强。目前甘肃省产业结构以资源开发利用为主，制约了高新技术产业的自主创新能力；而甘肃省中小企业受限于企业的规模、组织形式，往往不具备高新技术的规模基础。2012 年，甘肃省专利申请受理达 8261 件，同比增长

56.3%，授权3664件，同比增长53.8%，分别高于同期全国的27.15%和31.6%；但是，企业在科技创新中的作用不明显，没能成为科技创新的主体，也就很难转化为现实的生产力。此外，高层次科技人才的匮乏是甘肃省科技创新能力较弱的关键因素，这就要求甘肃省在引进高层次人才上做足文章，努力改善人才环境，拨出专项资金用于扶持企业科技创新发展能力，真正使创新落到实处。

"十二五"时期是甘肃省全面建设小康社会的关键时期，更是甘肃省缩小与东部发达地区各省份之间差距的战略机遇期。努力推动甘肃全省实现经济社会的跨越式发展，是甘肃省未来工作的重中之重。甘肃省整体实现经济社会跨越式发展的过程将会较长，完全实现跨越具有一定难度，但不可否认，在某些领域或行业，仍具有实现跨越的潜力及可能。

第六节 破解跨越式发展难题的甘肃模式

经济社会跨越式发展战略是一个顶层设计问题，更是甘肃省发展的重要命题。如何破解这个发展命题，找准阻碍跨越式发展的根源，是当前学者和国家都十分关心的热点和关键问题。实施甘肃跨越式发展战略，加快甘肃地区发展，关系经济发展、民族团结、社会稳定，关系地区协调发展和最终实现共同富裕。"跨越式发展"绝不能重走20世纪五六十年代搞"大跃进"的老路，它必须要有新的内涵。另外，"跨越式"也要求我们不能再按照传统的经济社会发展模式，如果还是这个思路，那么你永远就是追赶，永远没希望。这就要求甘肃能够抓住机遇，找准经济社会跨越式发展存在的问题，加紧提升基层创新能力，努力寻找好的发展模式。为此，课题组调查研究了甘肃省出现的"金山模式"、"白银模式"、"康乐模式"、"甘肃工商模式"等若干甘肃模式，提炼甘肃发展经验，破解甘肃跨越式发展难题。

一 甘肃模式的经验和作用

甘肃省要实现2020年基本实现全面建成小康社会的目标，即实现程度达到至少90%以上，就必须要在未来十年保持平均每年增加2.73个百分点的发展速度；若要完全实现全面建设小康社会，即实现程度达到100%，则在未来十年内必须保持平均每年增加3.73个百分点的跨越式发展速度。因此，要实现以上两个目标，首要问题是构建适宜被破解跨越式发展难题的"甘肃模式"。

(一) 金山模式

金山乡地处甘谷县东北部，自然条件恶劣，经济欠发达。全乡辖区内面积108.8平方公里，辖30个行政村，122个自然村，191个村民小组，9401户43468人，耕地面积97400亩，人均2.4亩。近几年年粮食总产量2万吨左右，人均纯收入3000元左右。

金山乡为推动经济社会发展，积极争取资金，并将其投入于土地流转、项目整合，既增加了人民收入，改善了生活条件，又推动了整个乡经济发展，稳定了社会安定，为山区乡镇成功招商引资积累了经验，起到了良好的示范作用。

与此同时，金山乡政府积极探索新思路，在保持水土不流失的前提下，因地适宜扩建房地产市场，引入开发资金，保证了投资者的回报收益；此外，通过土地流转引入业主规模经营，又通过科学的流转机制维护了农户既得利益。这种招商引资模式，简称为"金山模式"，其化解矛盾、理顺关系、做大市场和产业的做法，是乡镇跨越式发展的成功经验，值得借鉴和推广。

(二) 白银模式

白银市位于甘肃省中部，地处黄土高原和腾格里沙漠过渡地带，辖白银、平川两区和靖远、景泰、会宁三县。依靠当地原有丰富自然资源而发展起来的工业城市，市内共有两个区，其中，白银区以有色金属冶炼及压延加工、化工为主的原材料生产基地，平川区是以原煤、发电为主的能源生产基地。自20世纪80年代，白银市已探明的铜资源越来越少，资源出现匮乏，主导性生产经营出现困难，造成了白银市经济发展速度迟缓不前、社会不安定因素增加、环境问题也日益突出，尤其是环境污染逐步受到各级政府的强烈关注。世界范围来看，资源型城市的经济转型一直以来是共同的发展难题，其中，既有日本的"九州模式"和美国的"休斯顿模式"等的成功案例，也不乏阿塞拜疆的"巴库模式"典型。而我国共有矿业城镇426座，其中矿业城市178座，这些城市（镇）为国家提供了90%的石油，93%的煤炭，80%的铁矿石，70%以上的天然气，为国家现代化建设提供了重要的能源保障。然而，近年来，矿业城市的发展却面临很多困境。如大庆等一些重要城市因资源不足而被迫减产，云南东川因资源枯竭而导致撤市改区，全国有54座城市陷入"矿竭城衰"的困境。这不仅是资源型城市发展及人民生活的生存问题，更关系到可持续发展重大战略的有效开展。

白银市为改变现有困境，积极响应国家号召，结合自身实际，积极探索，开拓创新，成功创建了"白银模式"，即产业发展由资源开采和原材料生产向加工制造业和高新技术产业转变；开发方式则由自我开发转向全方位开放开发；资金投入由依靠国家投资向大范围招商引资和多渠道筹措资金转变；生产力布局由相对分散向重点区域转变；企业发展则传统经营方式转变为创新体制为主。从特点而言，"白银模式"是以地方政府主导为主，将结构单一的工矿城市转型与区域工业化有效结合的发展模式。

白银模式的经验是，经济落后的矿业城市，只有不断培育自身发展优势，创建良好投资环境，进行体制和机制创新，才能实现跨越式发展和可持续发展。

（三）康乐模式

康乐县隶属于甘肃省临夏州，处于黄土高原向青藏高原的过渡地带，平均海拔为2000米，地势平缓，总面积1083平方公里。该县辖15个乡（镇），有回、汉、东乡等9个民族，总人口达到249500人，其中汉族、回族分别占43.56%和52.98%。甘肃省康乐县坚持"公司+基地+协会+农户"的发展模式，走"强龙头、建基地、带农户"的路子，历届县委、县政府通过政策配套、资金扶持、提升服务等措施，探索出"政府引导、协会组织、龙头带动、基地支撑、科技服务、市场运作"的康乐模式，加快了草食畜牧业由粗放型向集约型、由数量型向质量型、由传统经营型向产业化经营型转变，并形成完整的产业链条，肉牛产业呈现强劲发展势头。同时加大宣传力度，进一步扩大全县肉牛产业的影响力，打造了"康美农庄"、"康美牛排"等"康美"企业品牌和"康乐肉牛"、"康乐牛肉"等地域品牌，有效提升了康乐县发展的软实力。

康乐县有93%的农户参与到畜牧产业各个环节，部分农民也逐步转变为产业工人，促进了全省畜牧业发展。康乐模式成功经验就是，由龙头企业康美集团公司带动，提升肉牛产业发展的高标准；成立企业参股、金融部门合作的康乐县金牛担保有限责任公司，破解投入难题，扩大肉牛产业规模；培育以县城畜禽交易市场为中心，服务体系的健全，提高了肉牛产业效益。

(四) 甘肃工商模式

通过近年来的大力建设,甘肃省工商系统利用信息化手段服务经济社会发展的能力有了明显提升,信息化从无到有、从单机操作到贯通国家工商总局、省局、市、县、工商所的五级联网系统,从人工办理到网上工商的开通,走出了一条符合甘肃实际、积极使用的信息化创新发展全新模式。

甘肃省工商局在信息化建设中所创造的"甘肃模式",通过采取"大集中"模式进行建设,不仅提高了运维水平,解决了"养得起"的问题,而且降低了使用门槛,解决了"入门难"的问题,保证了全局数据的统一性,解决了"用得上"的问题,从根本上改变了信息化建设的落后面貌,实现了跨越式发展;此外,甘肃省工商局按照国家工商总局相关数据标准陆续建成了各类数据库,由省局机房统一管理,实现了数据共享;通过开通12315网络平台建设,已实现了省市县所(含乡镇级)四级网络连接,全省拥有600多个工作点,伴随着业务应用系统不断升级,甘肃省工商局以市场准入为主,创办甘肃企业登记网平台,实现了对企业的网上登记、企业年检等相关业务办理,并且构建了网络商品交易监管平台,可办理主题备案、电子标识发放等业务。甘肃工商模式的展开,实现了集中建设,避免了以往专业人员缺失、服务器维护困难、资金到位不足等劣势,实现了数据库的一级应用,保证了数据的规范统一,提高了工商系统工作效能,便利了当地企业发展。

同时,甘肃省工商局积极推进本地区非公有制经济建设,为充分发挥工商行政管理职能作用,更好地支持、服务和促进全省非公有制经济跨越式发展,2012年9月颁布的《甘肃省工商行政管理局关于推进非公有制经济跨越式发展的实施意见》提出了涵盖五大方面,46条措施的方案,其中包括放宽准入条件、推动产业提升、发展特色产业、搭建融资平台及营造良好环境五大方面措施;并且积极开展万名干部联系万户非公有制企业推动非公有制经济跨越式发展的活动,该活动以开发发放为重点,以富民兴陇为目标,坚持"构建大工商、当好保护神"的理念,按照提升一批、引进一批、催生一批、转制一批的思路,着力优化发展环境、推动政策落实、强化要素支撑、改进服务监管、解决突出问题,推动非公有制经济转型跨越发展,明确指出工作主要任务在于指导非公有制经济跨越发展、推动非公有制企业创新创业、解决非公有制企业融资困难、支持非公有制企业开拓市场及帮助非公有制企业做大做强。

甘肃省工商行政管理局在应对新时期经济社会发展的挑战中，走出了一条适合甘肃经济发展的新思路，既提升了部门工作效率，又促进了当地经济跨越式发展。

二 甘肃实现跨越式发展的启示

（一）政府推动为主，形成"政府引导、社会参与、群众响应"的氛围

国务院通过颁布实施《进一步支持甘肃经济社会发展的若干意见》，谋划了甘肃省未来发展的方向，激发了甘肃省各级政府推进跨越式发展的动力。西部大开发过程中，甘肃省更逐步提高了对跨越式发展的认识，并在全省各地形成"政府引导、社会参与、群众响应"的正能量聚集氛围。

（二）提炼甘肃模式价值，推广甘肃模式经验，探索甘肃跨越式发展新模式

离实现全面建成小康社会的目标越来越近，但甘肃省跨越式发展的任务却越来越严峻。一定要吸收东部发达地区发展的经验，赶抓西部大开发的契机，凭借自身优势条件和特点，开创探索甘肃跨越式发展新模式。努力涌现许许多多的"金山模式"、"白银模式"和"康乐模式"，早日实现甘肃经济社会跨越式发展目标。

（三）通过总结甘肃模式，探寻甘肃经济社会跨越式发展规律

无论"金山模式"、"白银模式"，还是"康乐模式"都有一定的规律性。生产力的跨越式发展是甘肃模式跨越式发展的一个基本规律，研究遵循这种规律，就能实现甘肃经济社会的科学发展。甘肃模式最终体现的是生产力的跨越式发展模式，是推动甘肃经济社会跨越式发展的根本动力。

第七节 西部经济社会跨越式发展经验的推广价值

我国西部欠发达地区的经济社会发展问题是一个庞大的、包罗万象的问题，包括思想观念、经济、政治、体制、文化、人才、管理、环境等一系列问题。通过归纳总结西部地区实现跨越式发展的发展路径，可以从中

吸取经验，并将这些发展经验进行推广，以指导西部更多地区更好实施经济社会的跨越式发展。

一　重点发挥比较优势，大力发展特色经济

坚持"重点突破，整体推进"的总原则，立足本地区发展比较优势，率先突破特色优势产业，并最终带动各行业共同实现跨越式发展。例如广西百色市大力发展"生态铝"产业，陕西西乡县重点发展茶叶、生猪两大产业，内蒙古兴安盟的推进优势产业的快速成长等，都是有效地发挥了自身的比较优势，通过突出特色，实现做大做强自己的特色优势产业。

二　解决交通、水利、通信等基础设施薄弱问题，突破发展的"瓶颈"

基础设施建设可为经济社会发展提供重要保障，并影响经济增长的速度及质量，解决基础设施建设滞后问题，将与地区发展息息相关。基础设施建设既能带动相关产业发展，扩大就业机会，又能增加居民收入，改善居民生活条件，加强基础设施建设已经成为增强跨越式发展的保障因素之一。比如广西省百色市努力抓好公路、铁路、民航等基础设施建设，建立健全了现代综合交通运输体系；而贵州省建设现代物流网工程等，都是通过完善本地的基础设施来进一步夯实发展的基础。

三　解决人才不足问题

经济社会发展的根本动力在于人才的培养，只有保证人的全面发展，才能实现跨越式发展。推动西部地区经济社会的跨越式发展，仅依靠东部经济发达省市的援助不行，单有资金和项目也不行，必须有人才相匹配，必须有一支高素质的人才队伍。比如，甘肃省肃北县通过实施"人才强县"战略，围绕优势产业培养了一大批优秀的企业管理人才和专业技术人才；云南省迪庆藏族自治州则推进教育现代化；四川省引进和培育高技术人才等都是为了解决人才不足问题，以此提升自我发展能力。

四　强力推进制度创新

制度是推动经济增长的源泉。如前文所述，后发国家或地区的后发优势可以体现在制度模仿和制度学习方面。大力推进制度创新，可以使西部地区获得相应的后发利益。例如，云南省迪庆藏族自治州推进投融资体制改革、资源价格改革；四川省深化科技管理体制改革等，都是对制度进行改革创新以发挥制度性后发优势的例子。

五　大力发展园区经济

工业园区建设是我国区域经济发展中出现的探索性组织模式。工业园

区作为工业化和城镇化的重要载体，有力推动了地区经济社会发展。著名经济学家波特曾指出，一个国家或地区落后的重要原因是缺少发达的企业集群。沿海地区之所以经济发展速度较快，最重要的原因之一在于沿海地区产业集群程度高。因此，发展园区经济，是大势所趋，将为带动西部地区社会经济发展提供强有力的保障。例如重庆长寿区打造长寿化工园区发展平台；广西百色市改善投资环境以吸引国内外企业到工业园区进行投资；四川省大力发展高技术产业园区等，都是各地结合自身实际，加快工业化发展步伐的创新案例。

第六章　西部战略性新兴产业发展态势与展望

第一节　西部战略性新兴产业规划

2012年1月，国务院西部地区开发领导小组会议讨论通过《西部大开发"十二五"规划》。提出西部地区发展特色优势产业，建设国家能源、资源深加工、装备制造业和战略性新兴产业基地。2012年7月，国务院印发《"十二五"国家战略性新兴产业发展规划》确定的发展目标是：产业创新能力大幅提升；创新创业环境更加完善；国际分工地位稳步提高；引领带动作用显著增强。到2015年，我国战略性新兴产业增加值要占国内生产总值比重达到8%左右，对产业结构升级、节能减排、提高人民健康水平、增加就业等的带动作用明显提高。根据规划要求，到2020年，力争使战略性新兴产业成为国民经济和社会发展的重要推动力量，增加值占国内生产总值比重达到15%，部分产业和关键技术跻身国际先进水平，节能环保、新一代信息技术、生物、高端装备制造产业成为国民经济支柱产业，新能源、新材料、新能源汽车产业成为国民经济先导产业。《规划》是根据"十二五"规划纲要和《国务院关于加快培育和发展战略性新兴产业的决定》的部署和要求，旨在加快培育和发展节能环保、新一代信息技术、生物、高端装备制造、新能源、新材料、新能源汽车等战略性新兴产业。

西部多数省市据此制订了战略性新兴产业发展规划或发展意见等文件。

一　甘肃省战略性新兴产业规划

"十二五"及更长一段时期，是甘肃省加快经济发展方式转变、实现经济社会跨越式发展的关键阶段。《国务院关于加快培育和发展战略性新兴产业的决定》的颁布实施，为甘肃省充分利用资源、科技优势和产业基础，推动新材料、新能源、生物产业、信息技术和先进装备制造等战略性新兴产业快速发展，提供了难得的历史机遇。

（一）突破重点领域，推动战略性新兴产业规模化发展

1. 做大做强新材料产业

围绕新能源、信息技术、先进装备制造等战略性新兴产业发展需求，发挥甘肃省原材料产业和科技研发优势，集中优势资源，优化产业布局，突破关键技术，大力发展有色金属新材料、稀土功能新材料、新能源材料、新型化工材料、新型高性能结构材料等产业，不断提升新材料产业规模和整体竞争能力，促进材料向器件发展，形成上下游产品配套协调的新材料产业体系，培育和发展特色鲜明、创新能力强、产业链完善、辐射带动作用强、产值规模超千亿元的产业集群。

2. 大力发展新能源产业

加快新能源基地建设，着力突破核心技术，推动风能、太阳能、核能等新能源产业快速发展，积极打造从有色金属到风光发电、二次电池到新能源汽车和储能电站，从装备制造到技术服务等完善的产业链，力争使新能源产业成为甘肃省未来经济发展的支柱产业。

3. 加快发展生物产业

充分发挥现有产业发展基础和比较优势，依托重点企业和科研院所，加快发展生物医药、生物农业、生物制造等领域，全力构建生物产业"两大基地，五大产业园区"。积极组织实施产业化专项项目，集中力量进行重点突破，尽快形成甘肃省生物产业的群体优势和局部强势。

4. 努力提升信息技术产业

推动信息化与工业化的深度融合，抓住信息技术升级换代和网络经济快速发展的历史机遇，进一步提升信息基础设施和产业技术水平，实现信息产业的快速发展。大力引进战略投资者，积极承接产业转移，以电子集成制造为基础，电子元器件和整机生产并重，推动电子信息产品制造业的发展。充分发挥软件业比较优势，大力发展特色软件。加快发展电子政务、移动电子商务、"三网融合"增值服务、数字家庭、物联网和云计算应用等新型信息服务业。

5. 积极发展先进装备制造业

发挥现有产业优势和龙头企业带动作用，以扩大产业规模、抢占竞争制高点为目标，通过改造提升、强化创新，突破一批关键技术、高端共性技术和"瓶颈"技术，形成自主知识产权。充分利用甘肃省材料工业优势，突出整机制造和系统集成，建设西部重要的大型装备制造、新能源装备制造、数控机床、电工电器设备制造和核电辅助装备制造基地，打造百亿元产业园，实现千亿元产业链，力争使先进装备制造业成为甘肃未来经济发展的支柱产业。

（二）优化产业布局，提升集约化发展水平

按照《国务院办公厅关于进一步支持甘肃经济社会发展的若干意见》（国办发〔2010〕29号）提出的新的产业发展战略和省委、省政府提出的"中心带动、两翼齐飞、组团发展、整体推进"区域发展战略，结合资源优势和产业基础，以经济一体化区域、中心城市、国家级和省级开发区为平台和载体，优化产业布局，建设产业基地，完善产业链条，扩大产业规模，通过优势地区率先发展，带动形成规模化、集聚化和特色化的产业发展格局，为构建具有甘肃特色的现代产业体系提供有效支撑；同时，培育和延伸产业链条，加快基地建设，发展园区经济，形成区域特色。

（三）加大成果转化，着力发展产业重点工程

第一，搞好产业化示范工程。

第二，加大优势企业培育工程。围绕企业高端化、集聚化、特色化目标，推动和支持甘肃省企业加快资源整合和产品结构调整，进一步发挥重点企业对产业发展的支撑和带动作用。

第三，做大产业创新支撑工程。依托骨干企业和科研院所，围绕关键核心技术的研发和系统集成，以创新促进技术进步，以技术促进产业发展，加强科技基础设施和条件平台建设。

第四，推广产品应用示范拓展工程。坚持以项目为依托、以应用促发展，围绕缓解环境资源制约等紧迫需求，选择尚处于产业化初期、社会效益大、市场机制难以发挥有效作用的重大技术和产品，切实发挥政府的引导作用，组织实施全民健康、绿色发展、智能制造、惠民服务的战略性新兴产业产品应用试点示范工程，引导改变消费模式，培育市场，拉动产业发展。依托国家新材料产业基地、国家高新技术开发区、专业园区和特色

生产基地，重点实施太阳能光伏建筑一体化工程，低能耗建筑示范工程，城镇太阳能路灯照明应用示范工程，新能源装备应用推广工程。

第五，实施产业技术服务工程。发挥现代服务业优势，积极探索建设战略性新兴产业高端服务工程，完善产业服务体系。大力发展云计算模式的平台运营和应用服务，加快读者集团数字出版服务平台工程建设。在动植物新品种培育和推广、交通物流和医疗卫生等领域开展物联网特色服务示范工程。

二　四川省战略性新兴产业规划

根据《国务院关于加快培育和发展战略性新兴产业的决定》（国发〔2010〕32号）和《四川省国民经济和社会发展第十二个五年规划纲要》，2011年11月11日，四川省人民政府办公厅通知以川办发〔2011〕74号印发《四川省"十二五"战略性新兴产业发展规划》（以下简称《规划》）。该《规划》包括面临形势和发展基础、指导思想、基本原则和发展目标、重点产业领域、重点产业布局、重大工程、主要支撑条件、政策保障措施七部分。

（一）发展目标

《规划》提出的发展目标是："十二五"时期是突破关键技术、营造发展环境、夯实产业发展基础，加快四川省战略性新兴产业发展的关键时期。到2015年，要努力实现以下目标：

1. 增强自主创新能力

加大技术创新投入，战略性新兴产业领域的重要骨干企业研发投入占销售收入比重力争达到5%以上，在新一代信息技术、新能源、高端装备、新材料、生物、节能环保等领域建成一批国家和省级关键共性技术创新平台，突破60项关键核心技术。

2. 完善创新创业环境

重点领域和关键环节的改革取得重大突破，战略性新兴产业发展的市场准入与竞争机制、技术标准、财税激励和投融资机制、知识产权保护政策、人才队伍建设等更加完善，形成有利于战略性新兴产业发展的良好环境。

3. 提高产业集聚发展效益

突出核心发展区域，推进产业集聚发展，形成优势产业集群，创新能力、竞争实力和技术装备水平等达到国内先进水平，部分领域进入国际先进行列，建成国家信息、软件、新能源、民用航空、新材料和生物高技术产业基地，打造 100 个销售收入突破 10 亿元的重点产品，培育 10 户销售收入超百亿元的龙头企业。

4. 提高经济发展贡献

力争在"十二五"期间，全省战略性新兴产业增加值年均增速高于全省规模以上工业增加值增速，到 2015 年，全省战略性新兴产业总产值突破 10000 亿元，增加值超过 3000 亿元，占全省生产总值的比重达到 10% 左右，对产业结构升级、节能减排、增加就业等带动作用明显提高。

（二）重点产业领域

1. 新一代信息技术产业

把握信息技术升级换代和产业融合发展的重大机遇，依托四川省在人才和产业方面优势，加快建设下一代信息网络，大力发展云计算、物联网等新一代信息技术，重点推进高性能集成电路、平板显示、高端软件等行业发展，坚持自主创新发展和承接产业转移双轮驱动，建设国家重要的新一代信息技术产业基地。力争到 2015 年新一代信息技术产业实现总产值 3000 亿元以上，增加值 900 亿元以上，产业规模在中西部保持第一。

（1）下一代信息网络。加快新一代移动通信、下一代互联网、数字电视网络以及"三网融合"信息网络建设，统筹宽带接入。强化新一代网络信息技术开发，加快自主标准的推广应用，带动新型网络设备、智能终端产业和新兴信息服务的创新发展。发展宽带无线城市，加快先进信息网络向农村和偏远地区的延伸覆盖，普及信息应用。强化网络信息安全和应急通信能力建设。

（2）电子核心基础产业。围绕重点整机和战略领域需求，提升高性能集成电路自主开发能力，重点发展通用、新结构中央处理单元、图像处理器、数字信号处理器、数/模和模/数转换器、存储器、可编程器件、微型系统级芯片、关键 IP 核产品、射频识别芯片、信息安全芯片及系统芯片、非接触 IC 卡芯片等。积极发展等离子显示面板（PDP）、液晶显示面板（TFT-LCD）、有机电致发光显示面板（OLED），加快发展敏感元器件与传感器、光电子器件、片式电子元件、高频率器件、电力电子器件、微特电机与组件等新型电子元器件。重点发展新型电子元器件材料、新型显示前端用基础新材料和新器件。

（3）高端软件和新兴信息服务。加快发展面向市场的基础软件、移动计算软件平台、网络信息安全软件、数字内容加工处理软件、嵌入式软件、系统集成和支持服务、信息技术咨询和管理服务、互联网增值服务。加快高端软件开发和自主软件应用，支持金融、交通等关键领域智能管理信息系统软件研发。积极发展物联网环境下的交通物流、远程医疗及护理、远程教育等新兴服务业态。大力发展数字虚拟技术，引导文化创意产业发展。

2. 新能源产业

把握世界新能源技术和产业发展趋势，发挥四川省资源和产业优势，突出新能源开发转化和装备制造两大重点，加快新能源产业化发展，促进新能源推广应用与产业发展互动，推动能源结构清洁化和产业结构低碳化，建成国家重要的新能源产业基地。到 2015 年，力争新能源产业实现总产值 2000 亿元，增加值 600 亿元。

（1）核电产业。充分发挥四川省核电装备科研、设计、试验、制造、安装到核燃料供应、管理和技术服务的整体产业优势，重点发展核电装备制造，非核动力装备，核岛设计与系统集成、核岛和常规岛设备、高性能核燃料元件。发展 AP1000、EPR 第三代蒸汽发生器、核电汽轮机、发电机、核反应堆压力容器和主管道等核电主设备，积极推动核电配套产品自主开发和国产化应用。建立第四代核电高温气冷堆供应集成采供体系和核电技术服务体系。构建核电设计服务、关键模块与部套件生产、基础材料和能源生产的完整产业体系。推动民用非动力核技术产业化应用。重视核电安全技术研究，加强核应急能力建设，提升核应急管理水平。

（2）太阳能产业。大力发展太阳能光伏电池关键材料、晶体硅太阳能电池、其他新型电池及组件等晶硅光伏产业。积极发展碲化镉太阳能电池、非晶硅太阳能电池、铜铟镓硒太阳能电池、纳米晶硅柔性薄膜太阳能电池等薄膜光伏产业。加快发展聚光太阳能接收器、菲涅尔透镜、聚光光伏电池、太阳跟踪装置及控制系统等聚光光伏产业。积极发展坩埚、清洗蚀刻、丝网印刷、光学镀膜、磁性溅射、组件测试等光伏生产设备。建设一批大型并网光伏电站，建筑一体化并网光伏电站、离网型光伏电站和户用光伏系统，积极探索推动试验示范光热电站建设。

（3）风能产业。以整机产品配套为重点，发展 1.5MW 以上陆地风机和 3MW、5MW 潮间带及丘海系列风机、变频装置、控制器、齿轮箱、双馈式与直趋式发电机、柱轴承/偏航轴承等各类轴承、液压控制系统、润滑成套设备、主轴、轮毂、风力发电机组控制系统、并网逆转变控系统、输配电设备等。实现风机整机制造规模化和系列化。加快建设一批风力发电场，增加清洁能源供应。

（4）生物质能。加快生物质直接燃烧固化气化发电等技术产业化，形成生物质气化发电系统设计、集成和制造能力。研制生物质能源成套装置，积极发展沼气能源成套设备、分布式生物质固化气化联合循环发电、分布式沼气发电成套设备、可再生生物质锅炉、生物质气化炉热解新技术成套设备。积极发展麻风树等提取生物柴油和生物质发电。

（5）智能电网。开展新能源发电的系统仿真、功率预测和并网运行控制等先进技术研发及推广，加强电网对新能源的消纳能力和技术保障。完善输电线路状态检测，加强智能变电站建设，促进居民用电智能化管理。积极推动智能电网运行体系建设，提高智能电网管理运行水平。

（6）其他新能源。以电动汽车和电站储能为主要应用领域，重点发展以超级电容、大容量锂电池、含钒液流电池等为主的储能器件制造和储能系统集成，以及储能技术在智能电网、太阳能发电与风力发电并网等方面的示范应用。

3. 高端装备制造产业

依托四川省高端装备制造产业基础和资源条件，面向国际国内市场需求，发挥大企业、大项目的带动作用，全面提升高端装备制造产业自主创新能力，重点推进民用航空、航天及卫星应用等行业领域发展，建设国家重要的高端装备制造产业基地。到 2015 年，力争高端装备制造产业实现总产值 1500 亿元，增加值 400 亿元。

（1）民用航空。重点发展军机、公务机、无人机、直升机等整机和临近空间飞行器，国产大飞机机头和 ARJ – 21 新支线飞机机头、机身等关键部件，大型航空发动机整机及零部件，航空电子系统产品，航空机载设备及配套产品。积极发展机场综合电子信息系统，空中交通管制系统及成套设备、航空物流系统及设备。发展通用航空整机平台、配套产品、航空服务、通用机场，构建完整的通用航空产业体系。发展机体、航空发动机、航空设备的维修，推进航空再制造、客改货业务、航改燃机系列产品发展。

（2）航天及卫星应用。结合国家重大科技专项，加快航天及卫星应用技术推广和产业化。重点发展大型火箭、亚轨道火箭、空间服务系统及设备、卫星载荷系统、星际链路系统等宇航产品，推动卫星通信、导航、遥感应用系统开发，发展卫星运营增值服务，构建具有核心技术优势的航天产业链。推进卫星地面系统、用户终端系统、宇航级关键元器件开发，实施北斗用户终端批产工程、高分遥感综合应用示范工程，建设北斗卫星应用产业园、北斗导航运营中心、高分遥感数据中心，建设区域对地观测卫星数据处理与信息服务体系、卫星导航运营服务体系。

（3）轨道交通。依托国内唯一的轨道交通国家实验室及相关企业、研发机构，抓住城际客运专线和城市轨道交通等重点工程建设机遇，掌握时速200公里以上高速列车、新型地铁车辆等装备的核心技术，大力发展轨道交通装备。加快发展高速铁路桥梁关键功能部件、高速铁路的线路设备、高速动车组运载装备、高速铁路线路维修设备等，建设高速铁路功能部件试验检测中心。

（4）智能装备。以先进重大装备为特色，强化基础配套能力，积极发展以数字化、柔性化及系统集成技术为核心的数控机床及关键功能部件、智能专用设备、智能控制系统、自动化成套生产线关键部件、关键基础零部件和元器件等。重点发展新能源汽车驱动电机、电子控制系统和智能充（放）电系统。

4. 新材料产业

紧跟材料结构功能复合化、功能材料智能化、材料与器件集成化、制备和使用过程绿色化的国际新材料发展新趋势，发挥四川省在科技、人才和资源方面的优势，坚持技术创新与产业化相结合，重点推进稀土、钒钛、硬质合金等产业领域的发展，建成国家重要的新材料高技术产业基地。到2015年，力争新材料产业实现总产值2000亿元，增加值600亿元。

（1）新型功能材料。重点发展稀土贮氢合金系列材料、稀土磁性材料、稀土及贵金属催化材料、碲化镉/硫化镉、锂材料、锂离子电池隔膜、铜铟镓硒复合薄膜材料、含钒陶瓷、高档锐钛型钛白、特种有机硅、氟单体以及高附加值有机硅、氟下游产品、硅材料、高性能膜材料、特种玻璃、功能陶瓷等新型功能材料。

（2）先进结构材料。重点发展钒钛低（微）合金、新一代节约合金资源不锈钢、工程塑料、硬质合金数控刀具、人造聚晶金刚石、立方氮化硼复合片、金属陶瓷材料及刀具、量具、矿用合金、耐磨零件及深加工产品、钨丝、钼丝和钨钼制品、硬面材料、新型焊接材料、功能性炭黑及碳石黑材料、高档钛材、高纯金属材料等产品。

(3) 高性能纤维及其复合材料。重点发展超高强芳纶纤维、芳纶1414 纤维及其复合材料、热致性纤维、聚甲醛纤维、玄武岩纤维、碳纤维、醋酸纤维等重点产品。开展关键技术的研发和产业化，提升生产工艺技术和生产装备水平。

(4) 生物医用和共性基础新材料。重点发展新一代组织诱导性人工骨、软骨、肌腱等器械和组织工程化制品，医用聚氨酯及聚乳酸等合成和可生物降解高分子材料及制品，表面抗凝血改性的人工瓣膜、血管支架、心肌补片、封堵器、人造血管、生物瓣膜等介入治疗和心血管系统修复器械，血液采集、分离、纯化材料和制品等产品。开展纳米、超导、智能等共性基础材料研究。

5. 生物产业

抓住全球生物产业加速发展机遇，发挥四川省生物资源、科技、产业比较优势，瞄准国内外市场需求，重点加快生物制药、现代中药和生物育种等行业发展，开发培育具有自主知识产权和关键技术的名牌产品，建成国家重要的生物产业基地。到 2015 年，力争生物产业实现总产值 1000 亿元以上，增加值 300 亿元以上。

(1) 生物医药。大力发展生物制药、现代中药和化学合成药。重点开发预防传染病疫苗、治疗用生物疫苗、静注乙型肝炎人免疫球蛋白、人血白蛋白以及破伤风、狂犬病人免疫球蛋白、H1N1 甲型流感人免疫球蛋白、特异性溶瘤重组腺病毒注射液、新型抗体类抗新生血管生成药物、新型抗体类抗肿瘤血管生成药物等。加快发展中药资源、新型中药饮片、中药提取物、现代中药新品种深度系列开发。攻克血浆综合利用等关键技术，延伸血液制品产业链。推进创新药物的研发和产业化，大力支持发展化学高仿药。

(2) 生物医学工程。加快推进医学与其他领域新技术的交叉融合，构建生物医学工程技术创新体系，提升新型生物医学工程产品的开发能力。重点发展重大传染病诊断血清试剂、快速诊断试剂、医用磁共振、数字化 X 射线机及附属部件、全自动化学发光免疫分析系统、超声影像设备、血液透析设备等高端医疗诊断设备。

(3) 生物农业。支持发展高产、优质、抗病、抗逆生物育种产业，积极发展动植物转基因技术与分子标记辅助选择育种，培育动植物超级种。发展生物农药、生物肥料、动物疫苗、生物饲料添加剂等绿色农用生物制品，推进微生物全降解农用薄膜应用。发展无公害、绿色食品及有机农产品，开发畜禽副产物蛋白肽等产品。开发基于非粮原料的下一代生物能源，研究开发利用农作物副产品提供生物能源技术，重点支持麻风树、粉葛等优良种源选育和种植基地建设。

（4）生物制造。以培育生物基材料、发展生物化工产业和做强现代发酵产业为重点，大力推进酶工程、发酵工程技术和装备创新。突破非粮原料与纤维素转化关键技术，培育发展生物醇、酸、酯等生物基有机化工原料，推进生物塑料、生物纤维等生物材料产业化。大力推动绿色生物工艺在食品、化工、制浆、制革等领域关键工艺环节的应用示范，积极推进工程微生物与清洁发酵技术应用，重点支持四川泡菜发酵功能菌相关研究和应用。

（5）生物技术服务。重点发展新药先导物筛选与合成，原料药与制剂 GMP 中试设备，促进临床前研究、药物安全性评价、临床试验及试验设计等专业化第三方服务。积极发展干细胞医疗及研究类生物治疗服务。发挥现代中药、基因技术等研发优势，推进药物研发外包服务。开展生物数据挖掘，建立生物信息共享体系，实现生物数据资源共享。

6. 节能环保产业

立足现有产业基础和资源环境条件，创新发展模式，优化发展环境，建立全社会共同参与的节能环保产业发展机制，重点加快高效节能设备、资源循环利用等行业领域发展，为构建资源节约型和环境友好型社会打造坚实技术和产业基础。到 2015 年，力争节能环保产业发展初具规模，实现总产值 1000 亿元，增加值 300 亿元。

（1）高效节能。重点发展余热余压利用、高参数节能环保锅炉成套设备、高压高动态电气驱动系统、区域热电联产、节能风机、压缩天然气（CNG）和液化天然气（LNG）成套设备、电机系统节能、能量系统优化、煤层气及瓦斯等高效节能技术和设备。大力发展节能电器、半导体发光二极管（LED）照明、无极灯、节能建材等绿色节能产品。积极研发推广节能环保电动汽车、压水型推进器船舶、混合动力机车等新型节能运输工具。

（2）先进环保。重点推广乡镇污水处理技术及成套设备、污水处理厂污泥处理设备、生活垃圾处理成套设备、天然气开采过程中高含盐废水处理成套设备。大力发展烟气脱硝成套装置、烟气脱硫关键设备、油/水分离过滤机械、多效真空制盐节能减排成套设备、大气复合污染防治、重金属污染防治、大型城市垃圾焚烧处理、危险废物处理处置、电子废物拆解处理、农村和农业面源污染综合防治、土壤有机质提升、环保检测设备、环保生态药剂、机动车尾气治理等重点环保产品和技术。

（3）环保节能服务。开展固定资产投资项目节能评估和审查。培育专业化节能服务龙头企业，推行合同能源管理，加快形成节能服务产业体系。积极鼓励和支持节能服务公司、各类节能技术服务机构所提供的专业能源计量和审计、能效测试、节能项目设计、节能量检测、培训咨询等专业化节能服务。加强全省节能监测监管网络建设。推广特许经营模式，发展合同环境管理、碳交易、清洁生产审核、环境影响评价、环境工程设计、环境污染治理设施专业化运营、环境监测等咨询服务。开展环境保护设施行政代执行试点工作。

（4）资源循环利用。重点发展共伴生矿资源、大宗工业固体废弃物综合利用，航空产品、汽车零部件及机电产品再制造、餐厨废弃物、建筑废弃物、道路沥青和农林废弃物资源化利用等产品和技术。建立较为完善的再生资源回收循环利用体系，大力发展废旧家电再生资源产品、再生金属、再生橡胶等再生资源产品。推进农作物秸秆、实用菌菌渣等农产品副产品的循环利用。

三 重庆市人民政府关于加快发展战略性新兴产业的意见

2011年，重庆市政府出台《重庆市人民政府关于加快发展战略性新兴产业的意见》（以下简称《意见》），提出力争到2015年战略性新兴产业产值超过13000亿元，占全市工业总产值比重达到40%左右的宏伟目标。其中，电子信息产业将作为重庆未来五年战略性新兴产业的龙头来重点发展。《意见》指出，"十二五"期间，重庆市将按照"2+10"产业链集群建设方案发展战略性新兴产业。主要内容包括全力建设亚洲最大的笔记本电脑基地和国内最大的离岸开发处理中心，同时推动发展通信设备、集成电路、轨道交通装备、新能源汽车、环保装备、风电装备、光源设备、新材料、仪器仪表、生物医药10个"千百亿级"产业集群，最终建成国家重要的战略性新兴产业基地。在上述战略性新兴产业中，笔电和离岸开发处理中心两大基地以及通信设备、集成电路、光源设备、仪器仪

表四大集群均归属于电子信息产业,占了整个战略性新兴产业的一半以上。《意见》对电子信息产业两大基地和四大集群提出了明确的发展规划:

(一) 笔记本电脑基地

按照整机带动配套、引进带动开放、研发总部和结算中心并举的思路,建设西永园区、两路寸滩保税港区两个整机项目基地、周边10个配套产业园区和七大原材料生产基地,最终形成亚洲最大的笔记本电脑研发生产基地,力争2015年产值超过10000亿元。

(二) 离岸开发处理中心

通过建设"中国(重庆)国际离岸云计算特别管理区",引导大宗数据处理需求单位入驻,完善基础设施和通信网络建设,开展行业数据内容及处理服务,同时发展云计算和软件外包等产业集群。最终建成国内最大的离岸云计算数据外包处理中心,力争2015年产值超过500亿元。

(三) 通信设备产业集群

在该领域重点发展移动互联、无线通信等各类通信设备;突破物联网核心技术并实现产业化;完善电子元器件和专业材料等配套产业链;建设国家级通信产品认证检测平台,最终建设成为国内重要通信设备产业基地,力争2015年产值超过500亿元。

(四) 集成电路产业集群

加强开放合作、大力引进制造和封测企业,积极培育设计企业,完善芯片设计、制造、封装测试产业链,推动建成国内重要的集成电路设计和制造基地,力争2015年产值超过300亿元。

(五) 光源设备产业集群

重点发展光伏和LED两大具有潜在优势的领域,力争2015年产值超过300亿元。

(六) 仪器仪表产业集群

发挥产业集群优势,做大做强龙头企业,建设国内规模最大、产品门类齐全、系统成套的综合性智能仪器仪表研发生产基地,2015年产值力争超过100亿元。

《意见》还指出,重庆市政府将通过引导产业合理布局,积极实施重大工程、加强产业保障措施等途径,推动战略性新兴产业快速发展并达到预期目标。

四 陕西省战略性新兴产业发展"十二五"规划

2011年8月,陕西省出台扶持战略性新兴产业发展"十二五"规划,计划采取政策资金扶持办法,促进陕西省七大战略性新兴产业集群发展。到2015年,战略性新兴产业增加值达到3000亿元,占GDP的比重达到15%,把战略性新兴产业培育成陕西省新的支柱产业。

按照国家加快培育和发展战略性新兴产业的重点方向,依托陕西省科技、人才、产业基础及优势,重点发展高端装备制造、新一代信息技术、新能源、新材料、生物、节能环保、新能源汽车七大战略性新兴产业,组织实施一批战略性新兴产业重大创新发展工程,集中优势资源,加快推进技术创新和科技成果产业化,壮大陕西省战略性新兴产业总体规模。

(一) 高端装备制造业

1. 航空产业

以国家实施大型飞机项目为契机,加快大型飞机、新支线飞机、新型通用飞机的研制和产业化进程,积极推进航空发动机、机载系统、专用装备、零部件的规模化制造及转包生产,积极培育现代航空服务业,加速航空产业聚集发展。

2. 航天产业

围绕载人航天、月球探测、北斗卫星导航系统、新一代运载火箭等国家重大科技工程,加大航天特种高技术向民用产业领域转化力度,组织实施航天动力及有效载荷、卫星应用、航天特种技术三大产业工程,形成航天主导产业及航天技术应用产业全面协调发展的产业格局。

3. 高端输配电设备

围绕国家特(超)高压输变电及智能电网、储能电站等工程建设,依托西电集团等龙头企业,大力开发智能电网设备、新型电力电子产品、风电场用开关成套设备、电网控制保护成套设备、铁道电气化设备等,推进特(超)高压输变电设备集成化,高、中、低压输配电设备系列化、智能化、小型化、低能耗发展。

4. 高档数控机床等装备

围绕数控机床"高速、精密、大型"发展方向,重点发展立式加工中心、数控车床、数控磨床等高端产品,加快开发柔性制造单元和柔性制造系统。大力发展新型海洋自升式钻井平台以及超深井、多功能、大功率石油钻采设备等。加快发展大型轴流压缩机、高精度冷热连轧成套设备等大型高精度冶金成套设备，大型交流变频电牵引采煤机等综合机械化煤炭采掘设备。

（二）新一代信息技术产业

做大物联网产业，发展壮大高端软件与集成电路产业，加快培育激光应用产业，加快做强通信产业、半导体照明（LED）产业和新型显示产业，推进六大产业集群化发展。

1. 物联网产业

围绕传感网络节点、网络构架和信息处理等物联网三大产业领域，组织实施核心芯片、传感器、RFID 与定位跟踪、传感网络、系统集成和示范应用等产业工程，突破核心技术、加强战略集成、实施示范工程、推动行业应用。

2. 高端软件与集成电路产业

组织实施行业应用软件、嵌入式软件、软件研发基地、服务外包、信息服务以及集成电路设计、制造、封装测试和设备制造等产业工程，发展壮大高端软件与集成电路产业。

3. 激光产业

重点实施基础材料生产、芯片制备、半导体激光器耦合模块、高功率激光器、先进激光加工、激光医疗、激光投影显示、激光照明和红外探测、激光军事装备等产业工程，推动陕西省激光产业快速发展。

4. 通信产业

围绕通信设备制造和通信研发服务等领域，组织实施通信系统设备、智能终端与关键零部件、核心元器件与嵌入式软件、增值服务等产业工程，形成集通信技术研发、产品生产、应用与服务为一体的通信产业集群。

5. 半导体照明（LED）产业

重点突破半导体照明产业的芯片、电源、散热、专用设备等一批核心技术，重点实施外延与芯片开发、大功率封装、应用产品和设备与材料生产等产业工程，扩大产业规模，提升产业综合竞争力。

6. 新型显示产业

突破数字电视 SoC 芯片关键技术，大力发展液晶玻璃基板、OLED/PLED 材料和器件，实现对合机、研磨机、光电检测系统等专用设备的产业化，提升平板显示产业整体实力。

（三）新能源产业

依托陕西省在新能源方面的产业优势，组织实施太阳能、风能、生物质能和核能等产业工程，扩大新能源产业规模，加快智能电网及运行体系建设，形成陕北风电和光伏发电、关中新能源装备制造、陕南核电三大产业聚集区，使陕西省成为国内具有重要地位的新能源产业研发、制造和应用示范基地。

（四）新材料产业

在高性能结构材料、先进复合材料、电子信息材料、新能源材料和新型功能材料五大产业领域，重点实施钛及钛合金、碳纤维、电子级硅材料、新型生物材料等产业工程，着力构建钛及钛合金、高性能碳纤维、硅材料、钼及钼合金四大核心产业链，形成以宝鸡、西安为核心的"一轴七园"产业布局，建成世界级新材料高技术产业基地。

1. 高性能结构材料

积极开展高性能钛合金、镁合金、铝合金等先进轻合金材料制备等关键技术的研发，组织实施钛及钛合金材料、钛部件、钛终端应用产品、钛材料专用设备和高性能镁合金等产业工程，完善钛及钛合金产业链，形成新型高性能钛板带材、精铸件、人体植入物、大型反应釜等一批高端产品。

2. 先进复合材料

组织实施碳纤维材料、碳纤维制品和陶瓷基复合材料产业工程，在碳纤维材料T300的基础上，加快T400及以上级高性能碳纤维材料研发和产业化，构筑多元化、规模化的碳纤维材料产业链。

3. 电子信息材料

围绕电子信息材料高起点、规模化、前瞻性发展要求，大力推进新型电子材料的研发和产业化，组织实施电子级晶硅材料、平板显示材料、电子浆料和其他电子专用材料产业工程，促进电子信息产业结构调整和优化升级。

4. 新能源材料

积极开展多晶硅制备综合利用新技术研发，组织实施太阳能级硅材料产业工程，构建多晶硅、单晶硅、单晶硅片（棒）等硅材料产业链；加大力度开发核电设备专用新型稀有金属材料，组织实施核电用材料产业工程，为我国核工业快速发展提供支撑。

5. 新型功能材料

组织实施高质量钼及钼合金粉末及烧结制品、高性能钼及钼合金坯材料及器件和环保节能型钼化工产品等产业工程，形成高附加值的钼及钼合金产业链。组织实施新型生物材料、稀有金属粉末及金属多孔材料和其他稀贵金属材料等产业工程，逐步形成陕西省新材料产业新的增长点。

（五）生物产业

在生物医药和生物育种两大产业领域，重点实施生物检测试剂、创新药物、现代中药、生物医学工程、生物资源保护和开发利用、农作物良种、畜牧良种、林业新品种等产业工程，加速生物技术创新和产业开发，推动陕西省生物产业做大做强。

1. 生物医药

重点在生物检测试剂、创新药物、现代中药和新型医疗器械等领域突破一批关键技术，取得一批重大科研成果，实施生物医药产业工程，促进生物医药产业化发展。

2. 生物育种

围绕解决我国干旱半干旱地区农业可持续发展、粮食安全和农产品结构调整等核心问题，依托杨凌示范区，加快一批新技术的研究和开发，积极推进农作物良种、畜牧良种和林业新品种的选育，进一步提升农业生产的综合效益。

（六）节能环保产业

组织实施节能环保技术与装备、资源综合利用、环保服务等产业工程，大力开发节能环保新技术、新设备、新产品，推进合同能源管理，依托重点工业区建立环保产业示范园，加快陕西省节能环保产业高水平、规模化发展。

（七）新能源汽车产业

依托比亚迪公司、陕汽集团等龙头企业，组织实施整车制造和配套系统产业工程，积极培育发展插电式混合动力汽车、纯电动汽车、纯电动客车和纯电动码头牵引车等，加快发展新能源汽车用动力电池系统、控制系统、充电系统、充电桩和充电站系统，以及燃料电池一体化技术及其在燃料电池汽车的应用，推进新能源汽车产业规模化发展。

五 云南省战略性新兴产业发展"十二五"规划

2012年，云南省政府发布《云南省战略性新兴产业发展"十二五"规划》对云南省发展战略性新兴产业的重要意义、发展基础及面临挑战、指导思想及发展目标、发展重点与产业布局、重大工程、保障措施等进行了全面分析和阐述，将现代生物产业、光电子产业、高端装备制造业、节能环保产业、新材料产业、新能源产业六大产业作为云南省战略性新兴产业发展重点。

到2020年，战略性新兴产业将成为云南国民经济和社会发展的重要推动力量，局部领域达到国际领先水平，工业增加值占GDP的比重力争达到15%，吸纳带动就业能力显著提高；生物、光电子、高端装备制造三个产业成为支柱产业，节能环保、新能源、新材料三个产业成为先导产业；力争云南成为在东南亚、南亚有影响力和辐射作用的战略性新兴产业基地。

产业发展重点为：充分利用生命科学和现代生物技术、信息技术等高新技术研究成果，着力在生物医药、生物育种、生物制造和生物技术服务等领域实现生物技术与云南优势生物资源的有机结合，取得关键技术和重要产品产业化的突破，把云南建成在国家具有重要影响的生物产业基地。到2015年，云南省生物产业产值突破1500亿元，2020年产值超过2000亿元。

（一）生物医药

建立以中药、民族药、天然药为重点，包括化学药、生物技术药物、新型疫苗及诊断试剂、植物提取物、医疗器械和生物材料、天然保健品、特殊化妆品、康复保健、药物研发服务外包及中药材种植在内的大生物医药产业体系。以昆明国家生物产业基地、中药现代化产业（云南）基地、医药工业园区为平台，以资本为纽带打造产业链，推进药材种植、医药制造和医药商业的协调发展。打造一批具有核心竞争力的大企业、有明显特色优势的大品种、有较强影响力的大品牌，力争把云南建设成为我国重要的现代生物医药产业研发、生产、出口基地和中国医药产品进入东南亚、南亚市场的重要通道。

（二）生物育种

充分发挥云南省物种多样性、气候多样性和区位优势，以云南生物种质资源为基础，其他省份乃至国外的生物种质资源为补充，着力提升云南省农业育种的创新能力和生物种质资源及战略生物资源储备和可持续利用能力。推进转基因育种、胚胎工程等现代生物技术的应用，以西南地区、东南亚和南亚为目标市场，加快开发低纬高原型优质高产抗性专用粮经作物、果蔬、花卉新品种、经济林木良种以及热带、亚热带优质特色畜禽新品种，把云南建设成为我国最重要的农作物生物育种创新基地、国家级小麦油菜夏繁、玉米蔬菜冬繁、马铃薯原种繁育等良种繁育基地，促进新品种和配套种养殖技术的推广应用，解决云南省良种覆盖率低、病虫害严重、种养殖方式落后的问题，加快培育龙头企业，促进农业产业化。

（三）生物制造

运用基因组学和蛋白组学最新研究成果，深入挖掘云南极端环境微生物资源，加快酶基因的发现和克隆，构建高效表达基因工程菌，突破发酵过程代谢调控、生产全过程自动化控制和后处理技术，按照多品种、多剂型、复合型、专用型和耐高温、耐酸/碱的方向，重点发展饲料用酶、抗菌肽、生物质能转化酶、农副产品精深加工用酶、轻工业用酶、环保用酶、新型微生物发酵产品等；瞄准生物农业的发展需求，大力发展高效、安全的新型生物农药、生物肥料、畜禽新型疫苗、新型饲用抗生素替代产品等绿色农用生物产品；面向健康、农业、环保、能源和材料等领域的重大需求，开展以生物基材料单体为基础的化学法合成，以及以可再生生物质为原料的微生物法生产可降解生物高分子材料的产业化。

（四）生物技术服务

依托中国西南野生种质资源库、民族药、天然药种质资源库及化学标准品库、生物基因库等基础平台，积极发展基因档案服务、生物信息服务、生物技术合同研究等生物技术服务业。加快具有云南特色和优势的灵长类动物、近交系版纳微型猪等实验动物及重大疾病动物模型产业化，开展药物先导化合物的筛选和结构改造、结构修饰，以及面向国际和国内生物医学研究机构和医药企业的新药研发合作、临床前生物安全评价、毒理、药理试验等技术服务。

第二节 西部战略性新兴产业发展现状

当前世界正处在大发展、大变革、大调整时期，新技术、新产业迅猛发展，新兴产业正在成为引导未来经济社会发展的重要力量。为应对国际金融危机、全球气候变化、能源资源和粮食危机等全球性问题的挑战，世界主要国家加快调整发展战略，大力培育新兴产业，围绕战略性新兴产业的竞争正在不断展开。

国家高度重视战略性新兴产业发展。党中央、国务院把加快培育和发展战略性新兴产业作为全面建成小康社会、加快转变经济发展方式、构建国际竞争新优势的重大战略举措和"十二五"时期重点任务，制定并出台了一系列政策措施。

国内区域发展竞争日趋激烈。全国各省（区、市）纷纷把培育和发展战略性新兴产业提上重要议事日程，制定相关规划和政策，作为"十二五"时期发展的重要内容和提升区域竞争力的主要途径，呈现出激烈的竞争态势。

一 甘肃省战略性新兴产业发展现状

为加快甘肃省战略性新兴产业发展，尽快形成甘肃省工业经济新的经济增长点，集中力量突破一批支撑战略性新兴产业发展的关键共性技术，切实解决制约甘肃省经济发展的技术"瓶颈"问题，增强产业发展的核心竞争力和实力，甘肃实施2011年省战略性新兴产业化示范工程及关键核心技术研究与开发专项项目，重点支持新材料、新能源、生物、信息技术、先进装备制造五大产业。战略性新兴产业发展专项资金用于集中支持一批带动性强、产业前景突出的战略性新兴产业重大项目。通过专项资金的集中投入、竞争择优配置，重点发展市场前景广阔、资源消耗低、带动系数大、综合效益好的产业化项目，全面提升甘肃省战略性新兴产业自主创新能力，扩大产业规模，推动相关产品示范应用，促进相关产业高端化、集聚化、规模化发展，形成战略性新兴产业发展制高点。

甘肃省在多年的传统资源型产业发展过程中，围绕资源开发利用，通过延长产业链和调整产业结构，新能源、节能环保、新材料、新医药、生物育种和电子信息6大产业都有了一定的发展，已具备产业发展的基础条件。

（一）以技术创新推动新兴产业发展

甘肃省经济结构"两高一资"特征明显，一个主要原因是企业的科技水平较低，基于传统产业基础上的战略性新兴产业在规模和技术上与国际先进水平相比还有较大差距，为此，甘肃省提出在战略性新兴产业发展过程中，突出加强科技创新力度，发挥其在战略性新兴产业发展中的主导作用。

甘肃将进行战略性新兴产业科技工作战略研究和总体部署，在新能源领域以风能、太阳能、生物质能产业装备制造及配套技术开发为重点，节能环保领域以节能、环保、资源循环利用装备制造与产品开发为重点，新材料领域以电池材料和高新技术产业发展亟须的高纯材料、功能材料开发等为重点，新医药领域以人和动物用新型疫苗及诊断试剂、中（藏）药新药研发为重点，生物育种领域以转基因生物新品种培育、航天育种为重点，电子信息领域以半导体集成电路、半导体器件芯片制造、半导体照明、通信电缆、互联网和物联网应用技术开发为重点，加大科技研发攻关力度，培育战略性新兴产业。

（二）设专项搭平台全力推进

甘肃将积极推进战略性新兴产业项目建设，根据甘肃战略性新兴产业发展的科技需求，在省科技重大专项计划中设立战略性新兴产业科技专项，引导和促进各种科技创新要素向战略性新兴产业集中和倾斜。省级科技支撑计划、基础研究计划、创新引导计划等各类科技计划向战略性新兴产业倾斜，2010—2015年每年用于培育战略性新兴产业的财政科技经费不低于20%。

为了增强科技支撑能力，甘肃将加强战略性新兴产业科技平台建设。

（1）在新能源、节能环保、新医药、电子信息产业组建5个省级重点实验室，储备一批科技成果。

（2）以企业为主体，围绕新能源、节能环保、新材料、新医药、生物育种、电子信息产业技术创新链，组建10个省级产业技术创新战略联盟，突破战略性新兴产业发展的技术"瓶颈"。

（3）加强新能源、新材料、电子信息产业领域已有省级工程技术研究中心建设，在新医药、生物育种、节能环保等产业组建10个省级工程技术研究中心，推动集成、配套的工程化成果辐射、转移与扩散，促进战略性新兴产业的发展。

（4）在新能源、节能环保、新材料、新医药、生物育种、电子信息产业组建5个孵化器及中试基地，加强科技成果向生产力转化的中间环节，促进科技成果产业化。

（5）进一步整合、重组和优化现有科技资源，为战略性新兴产业科技创新活动提供基础条件，促进与战略性新兴产业相关的科技成果转化与产业化。

（三）发挥基地的辐射和带动作用

为促进战略性新兴产业集群发展，甘肃须打造战略性新兴产业基地。甘肃省目前有兰州国家高新技术开发区、白银高新技术开发区、兰州大学科技园、兰州交通大学科技园、兰州理工大学科技园，定西国家农业科技园区、天水农业高新技术示范园区等园区，还拥有国家中药现代化科技产业（甘肃）基地、兰州生物医药科技产业基地、兰州国家石化新材料产业化基地、白银市有色金属新材料及制品产业基地、金昌国家级有色金属新材料产业化基地、天水国家先进制造高新技术产业基地、酒泉国家风电装备高新技术产业化基地七大基地，这些基地和园区的有色金属新材料、生物医药、风电装备、电子信息等战略性新兴产业已经起步，在引领产业发展、支撑地方经济增长中起到了集聚、辐射和带动作用，培育了一批高新技术企业和名牌产品。

二 四川省战略性新兴产业发展现状

四川是全国矿产资源大省之一，有14种对国民经济有重要价值的矿产资源，保有储量居全国前五位；其中钒、钛资源保有储量全国第一，稀土资源保有储量全国第二。四川是全国生物多样性三大中心之一，有优良的动植物物种资源库和基因库，素有"中国植物缩影"、"物种富乡"、"中药之库"美誉。

（一）科研机构和人才较多

全省现有各类科技活动机构1461家、普通高校93所，专业技术人员228.8万人，科技活动人员28万人，具有部、省级称号的高层次专家9000余人（次），在川国家级重点实验室12个、省部级重点实验室126个，国家级博士后科研流动（工作）站132个。国家级工程技术中心14家、国家级企业技术中心33家、省级工程技术中心90家，"两院"院士57名。

（二）高新技术产业发展基础好

全省现有高新技术企业1498家，2010年，全省高新技术产业实现工业总产值4962.2亿元，占全部规模以上工业总产值的比重达到20.9%；实现出口交货值608.6亿元，占规模以上工业出口交货值的71.3%。已初步形成以新一代信息技术、新能源、高端装备制造、新材料、生物产业为优势特色的高新技术产业体系。

（三）科技创新成果不断增加

2010年，全省共登记技术合同7000项，成交金额62亿元。完成省级科技成果登记609项，34项成果获国家科技奖励、241项获得省科技进步奖。省认定授牌的高新技术创新产品30个，产学研创新联盟101个，国家创新型企业21家。全年共申请专利40230件，获得专利授权32212件。

三 陕西省发展战略性新兴产业的基础情况

陕西有教育和科技资源集聚，比较优势明显，支撑作用强等有利条件，产业上产业提升空间大，战略性新兴产业将成为陕西经济转方式、调结构、加快发展的一个重要引擎。

（一）实现经济发展方式转变，调整结构，为发展战略性新兴产业提供了充分空间

西部大开发十年来，陕西经济取得了快速发展，"十五"期间，GDP年均增长11.5%，特别是在"十一五"期间前四年年均增长达到了14.9%，经济的快速增长依靠投资的拉动作用比较明显。仅从2009年数据来看，全省GDP达到了8169.80亿元，增长13.6%，全社会固定资产投资实现6553.39亿元，同比增长35%。经过测算，资本形成对经济贡献率达93.1%，拉动经济增长12.7个百分点。而且，从投资的效果来看，2000年全省的投资效果系数为0.2834，到了2009年陕西省的投资效果系数下降为0.1305，即每一亿元的固定资产投资，GDP只增加0.1305亿元，与2000年相比，减少了1529万元。由此可见，在投资规模快速增长的同时，投资的效果却在下降，因而，单纯依靠投资难以长期拉动GDP的快速增长。同时，"十一五"前四年，陕西节能降耗主要依靠"关小上大"和经济结构调整来实现，据省发改委提供的资料，陕西省在"十一五"的前四年，全省关停小火电机组124万千瓦，提前一年超额完成"十一五"关停任务，淘汰落后水泥、焦化、钢铁、铁合金、电石及

造纸产能4696万吨，形成节能量872.57万吨标准煤。依靠这一节能降耗方式，"十一五"前四年完成了整个"十一五"节能降耗任务的86.2%。然而，"十二五"期间继续沿用老的节能降耗思路降耗的空间越来越小，因此，在"十二五"期间要继续保持经济的快速发展，又要完成节能降耗的目标任务，就必须转变到依靠结构调整，产业升级和技术进步并重的节能降耗方式上来，实现投资和消费共同拉动。依靠科技进步支撑，不断培育新的经济增长点，加快经济发展方式转变，是陕西面临的现实选择，这也为战略性新兴产业的发展提供了充分的产业空间。

（二）教育资源丰富，优势明显，为发展战略性新兴产业提供了人才保障

目前，陕西的高等教育已逐步形成多层次、多形式、学科门类齐全的高等教育体系。2009年，全省共有普通高等学校和成人高等学校96所。普通高等教育本专科共招生27.30万人，在校生89.37万人，毕业生21.20万人。全省共有研究生培养机构50个，招收研究生2.74万人，在学研究生为8万人，毕业研究生20953人。共有直属院系853个，博士后流动站99个，博士点540个，硕士点1326个，本科专业1787个，国家一级重点学科22个，国家重点（培育）学科24个，国家重点实验室19个，国家工程研究中心15个。高等教育从学校数量、招生规模、在校学生规模和毕业学生来看，均在全国各省市中排名前列，2009年分别排第12位、第9位、第9位和第11位。进入国家"211工程"的高校达到8所，进入"985工程"的高校有3所，分别居全国第4位和第2位。2008年，陕西省从事科技活动人员达到15.32万人，在全国列第13位，其中，科学家和工程师10.3万人，占全部科技活动人员的比重达到67.2%，可以看出，从事科技活动人员素质比较高。高等教育规模大，高水平大学数量增多，从事科技活动的技术人才多，说明陕西人力资源储备比较充足，陕西已是全国中高级人才培养的摇篮，为战略性新兴产业发展提供了人才支撑。

（三）职业教育基础不断增强，培养能力提升，为发展战略性新兴产业提供了高素质劳动者培养基地

"十一五"期间，陕西职业教育蓬勃发展，基础不断增强，培养高素质劳动力的能力不断提升，为发展战略性新兴产业提供高素质的劳动力支撑。从2006年起，陕西争取到国家县级职教中心国债建设项目61

个，全省县级职教中心107个，创建国家级重点中等职业学校11所，省级重点中等职业学校17所，建成示范乡镇农技校483所，进一步改善了农村职业教育的办学条件，促进了职业教育骨干体系建设。随着中等职业教育规模持续扩大，到2009年，全省拥有各类中等职业学校398所，招生人数达到24.64万人，在校学生62.55万人，毕业生数18.46万人。不论从招生人数、在校学生还是毕业生来看，陕西中等职业教育水平在全国各省市排名均在前列，2009年分别排第12、第13和第11位。2009年全省拥有技工学校282所，招生10.59万人，占全国的9.2%和6.8%。职业技术教育的发展为发展战略性新兴产业提供了必需的高素质的劳动力培训基地。

（四）科技研发投入不断加大，成果不断涌现，为发展战略性新兴产业提供强有力的技术支撑

随着省委、省政府关于发展科技工作一系列政策的贯彻落实，科技投入大幅度增加，科技创新能力日益提高，成果显现。从科技经费筹集情况看，政府对科技的投入不断加大。2008年，全省科技活动经费筹集总额达到263.23亿元，在全国居第11位。政府对科技活动投入的力度较大，全省科技活动经费筹集总额中政府拨款占到49.5%，达到137.26亿元，在全国排在第6位。2008年，全省R&D经费内部支出为143.27亿元，在全国排在第11位，全社会R&D经费投入强度（全社会R&D经费内部支出与地区生产总值之比）为1.96%，这一比例在全国排在第4位。从科技活动经费筹集，政府投入支持和R&D经费投入强度来看，陕西在全国都处在中上游水平。伴随着科技投入的增加，科技成果不断涌现。从专利申请、授权数量上来看呈现快速增长。2009年，全省专利申请达到15570件，专利授权量为6087件。2008年专利申请比全国同期增幅高17.8个百分点，申请量列全国第14位，西部省份第2位。全省每百万人口发明专利申请量和授权量分别列全国第9位和第8位。2009年，陕西省登记科技成果处于国际领先水平的占登记科技成果总数的5.98%；国际先进的148项，占24.58%；国内领先的203项，占33.72%；国内先进的99项，占16.45%。而且高新技术成果在科技成果中占比较高。就2009年而言，陕西省登记的科技成果有350项属高新技术领域，占登记的科技成果总数的67.57%。科技投入的增加，成果的显现，为陕西发展战略性新兴产业提供有力的技术支撑。

（五）高新科技园区建设初具规模，为发展战略性新兴产业发展提供了良好的平台

高新科技园区和经济开发区有着政策优惠、科技创新环境宽松、服务功能比较完善、运营机制比较灵活等优势，是发展和推进战略性新兴产业的理想平台。陕西省委省政府高度重视高新科技园区和各级经济技术开发区的建设，形成了以西安、宝鸡、杨凌三个国家高新技术开发区为龙头的关中高新技术产业开发带和关中星火产业带，一批以信息技术、生物医药、新材料、新能源、先进制造为代表的高新技术产业迅速崛起。截至2009年年底，共有国家级开发区4个，省级开发区19个。2009年，全省22个开发区（不含商丹循环工业园区）有规模以上企业1119个，同比增长30.6%，占全省规模以上企业的25%；完成工业总产值2049.72亿元，同比增长23.6%，高于全省工业产值平均增速10.6个百分点，占全部规模以上工业企业产值的24.2%；工业增加值达到632.13亿元，同比增长18.6%，高于全省规模以上工业增加值平均增速3.8个百分点，占全部规模以上工业企业增加值的20%。陕西省各类高新技术开发区和经济开发区已成为陕西省经济发展新的增长点。高新科技园区、各类经济开发区的不断发展和成熟，产业集聚作用和辐射带动作用增强，为发展战略性新兴产业提供良好的平台环境。

（六）高新技术产业快速发展，为战略性新兴产业的发展奠定了良好的基础

随着省委省政府对陕西省高新技术产业投资的加大，陕西省高新技术产业蓬勃发展，已经形成了一定规模，这为进一步全面发展战略性新兴产业提供一定基础。2009年，陕西省共有医药制造企业182个，创造产值达到198.38亿元；有通信设备、计算机及其他电子设备制造企业83个，创造产值达到170.79亿元；有航空航天制造业企业31个，创造产值达到269.57亿元；有医疗仪器设备及器械制造业企业10个，产值达到4.15亿元。一些高新技术产业在全国处在中上游的水平。其中航空航天制造业规模上企业在全国处在领先水平。陕西省的信息化应用基础设施建设实现较快发展。截至2009年，陕西省互联网用户达255.05万户，陕西省电话用户达814.97万户，电话普及率为21.61部/百人。138户示范企业实现了计算机辅助设计，有些实现了计算机辅助制造，骨干企业的信息化程度明显提高。信息传输、计算机服务和软件业较快发展。从2008年陕西省

第二次经济普查的结果来看,信息产品传输、计算机服务和软件业与2004年第一次经济普查相比企业单位个数增长178.4%,是所有行业中增长最快的,企业单位数达到了2698家。同时,科学研究、技术服务和地质勘查业与第一次经济普查相比也增长了142.7%,在所有行业的增长中位居第二。由行业的变动可以看出,高新技术规模的形成,信息化和科学研究基础的较快发展,为发展战略性新兴产业奠定了较好的发展基础。

四 云南省产业发展的基础

云南省具有丰富的物种资源,是全球生物物种高富集区和世界级的基因库,物种数约占世界物种的10%,天然药物资源占全国51%,微生物种类占全国已知种类的60%以上。西南野生生物种质资源库、国家昆明高等级生物安全灵长类动物实验中心及生物多样性可持续利用——昆明国家生物产业基地等产业研发平台和基地的建设,为生物产业发展提供了有力的支撑。在植物化学药、植物提取物、疫苗、生物制品、实验动物等方面形成了特色鲜明的技术水平和比较优势,涌现了一批以云南白药集团股份有限公司、云南沃森生物技术股份有限公司、云南绿大地生物科技股份有限公司等为代表的龙头企业。2009年,云南生物医药实现工业总产值121.5亿元,花卉产业实现总产值201亿元,生物产业已成为云南省发展速度最快、带动作用最好、发展潜力最大的产业之一。

(一) 光电子产业

云南省已初步形成以红外及微光夜视、光机电一体化设备、太阳能电池等为主导,半导体照明、OLED等产业为补充的光电子产业发展格局。其中,红外热像系统已形成从材料到整机生产的比较完整的产业链;微光夜视产品在国内具有较强的技术优势;光伏产业、光机电一体化设备具备了良好的发展基础;半导体照明、OLED等一批新兴领域快速发展。培育了北方夜视技术集团股份有限公司、云南天达光伏科技股份有限公司、云南南天电子信息产业股份有限公司、昆船物流信息产业有限公司、云南北方奥雷德光电科技股份有限公司、玉溪蓝晶科技有限公司、云南冶金集团昆明冶研新材料股份有限公司等一批骨干企业,形成以"省部共建"昆明光电子产业基地和昆明国家光电子材料及产品科技兴贸创新基地为核心的产业集聚区。据初步估算,2010年,云南省光电子产业实现销售收入120亿元,实现工业增加值30亿元。

(二) 高端装备制造产业

云南省装备制造业起步较早，具有良好的产业发展基础。铁路养护机械、空港自动化物流成套设备、矿冶成套设备、电力设备和轿车用柴油发动机六个领域技术领先、特色明显、行业地位突出。"十一五"以来，全行业工业总产值、销售收入、利税总额均保持20%左右的年均增长速度。拥有沈机集团昆明机床股份有限公司、昆明船舶设备集团有限公司、昆明中铁大型养路机械集团有限公司等一批全国知名企业。大型精密卧式加工中心、数控坐标镗床、数控重型回转工作台等产品技术水平处于国内领先；自主研发的国内首套具有自动分拣功能的全系列行李处理装备，打破了我国中型以上机场行李处理系统依赖进口产品和技术的制约；大型铁路养护机械产能居亚洲第一、世界第二；拥有国家电气化铁道牵引变压器生产基地；自主研发的D19TCI、D25TCI电控共轨柴油机，作为轿车柴油化理想的配套动力，达到了国内领先水平。在创新体系建设方面，建有国家级和省级企业技术中心24个，国家级及省级重点实验室2个、行业直属科研院所4个，建成了全国机械工业高原电器产品质量监督检测中心和500千伏级超高压输电线路试验基地。

(三) 节能环保产业

节能产业方面，云南省部分行业和企业的节能减排技术居全国同行业先进水平。环保产业方面，截至2009年年底，全省专营或兼营环保产业的企业事业单位共计226家，从业人数超过10万人，年产值102亿元。云南省节能环保研发水平在冶金、化工、建材等资源型产业方面具有明显特色和优势，建有固体废弃物资源化国家工程研究中心、国家环境保护工业资源循环利用工程技术中心、省部级冶金节能减排工程研究中心、中国昆明高原湖泊研究中心、清华—阳光节能研究中心等科技创新和产业化研发平台，开发了一批在国内外处于领先地位的节能环保技术、产品和装备。在电解铝、钢铁烧结余热发电、大型硫酸装置低温位热能回收利用、工业烟气低浓度二氧化硫治理回收、烟气脱硫脱硝及资源化利用、冶炼烟尘重金属防治及回收、贵金属稀土基汽车尾气净化催化剂、柴油机（车）尾气壁流式微粒捕集器（DPF）净化和处理、建筑废弃物资源化利用、烟草废弃物利用等行业或领域的节能环保技术处于全国先进水平，部分关键与共性技术已经得到示范与产业化。此外，云南省拥有一批工业循环经济试点企业、生态产业园区、清洁能源示范县、国家环保装备基地、云南资源环保科技创新园等产业发展平台,为企业聚集及产业集聚发展奠定了基础。

(四) 新材料产业

云南省有色金属、稀贵金属等矿产资源储量均居全国前列,全省已发现矿产品种143种,查明资源储量86种,其中61种矿产资源储量位居全国前10位,有色金属资源在国内资源总量中占有较大比重,10种主要有色金属产量居全国第二位。目前,拥有国家工程实验室1个,国家重点实验室1个,国家工程研究中心1个,国家级企业中心4个、国家级企业孵化器1个、省级重点实验室4个、省级中试基地1个,省级认定企业技术中心6个。云南省拥有发展新材料产业的技术基础和人才储备,已建有昆明国家稀贵金属新材料产业化基地、临沧国家锗材料高新技术产业化基地、红河国家锡基材料产业化基地及稀贵金属综合利用新技术国家重点实验室。2009年,云南新材料产业实现工业总产值340亿元,培育和发展了一批新材料领域重点企业。贵研铂业股份有限公司是世界排名第五、中国最大的贵金属二次资源开发、贵金属材料生产企业,产品涉及贵金属高纯材料、特种功能材料、信息功能材料、环境材料、汽车尾气催化功能材料五大领域。云南锡业集团(控股)有限责任公司已形成技术领先、结构合理、配套能力强的10大类产品系列,近500个规格品种,2.7万吨/年产能规模。云南铜业(集团)股份有限公司在国内首次采用连铸连轧技术制造高速铁路用铜银合金、铜锡合金导线,达到欧洲同类产品技术指标,被评为国家重点新产品,已用于国内多条电气化铁路,占全国市场份额50%以上,已研制出20多种铸铜新材料电机转子,试制出我国第一台高效节能铸铜转子电动机。此外,云南在铅锡合金制备技术改造开发的锡基合金多级真空蒸馏技术及装备新技术、钴酸锂和锰酸锂动力电池新材料制备技术、高纯稀散金属和锗、铟半导体材料等的生产技术等领域均具有较好基础,为云南新材料产业的发展提供了坚实的技术和产业基础。

(五) 新能源产业

云南省具备较好的发展太阳能、风能和生物质能的资源基础。太阳能辐射资源丰富,年辐射能量相当于731亿吨标煤,风能总储量1.22亿千瓦,生物质能原料种质资源居全国之首,全省可用于生物柴油原料种植的土地资源面积为1389万亩,云南省农村户用沼气保有量达250万户,位居全国第四。2008年，我国首个高海拔地区风电场——大理磨山风电场并网投产，装机容量4.8万千瓦。2009年已规划可建23个风电场，装机容量387万千瓦，规划到2020年建成38个风电场，总装机容量约380万千瓦。云南省在太阳能热利用系统集成技术领域具备世界领先水平，制定了太阳能热水器国家检测标准，2009年，全省安装太阳能热水器800多万平方米。云南省已建有56个村级集中供电光伏电站建设，总装机容量超过350万千瓦。昆明石林总装机容量为166兆瓦的太阳能光伏并网电站正在建设中。以云南天达光伏科技股份有限公司、云南临沧鑫圆锗业股份有限公司、云南冶金集团股份有限公司、昆明理工大学、云南师范大学等为代表的企业和研究机构积累了一定的技术储备。昆明理工大学、云南师范大学等拥有一批生物柴油领域专利技术。云南省已建成小桐子种植基地130万亩，云南神宇新能源有限公司拥有省内第一条6万吨/年生物柴油生产线。以地沟油为原料生产生物柴油的中试也已完成，首批试生产20多吨生物柴油。

第三节 西部战略性新兴产业发展前景

国家在资金和政策方面不断对西部战略性新兴产业给予支持。自西部大开发以来，国家财政对西部支付数万亿元，预算内基本建设投资达到万亿元，新开重点建设工程百余项。今后一段时间，国家将继续加大对战略性新兴产业的投入力度。西部大部分省市都对战略性新兴产业发展前景进行了规划。

一 四川省战略性新兴产业发展前景

"十二五"时期是突破关键技术、营造发展环境、夯实产业发展基础，加快四川省战略性新兴产业发展的关键时期。到2015年，要努力实现以下目标：

（一）自主创新能力明显增强

加大技术创新投入，战略性新兴产业领域的重要骨干企业研发投入占销售收入比重力争达到5%以上，在新一代信息技术、新能源、高端装备、新材料、生物、节能环保等领域建成一批国家和省级关键共性技术创新平台，突破60项关键核心技术。

（二）创新创业环境更加完善

重点领域和关键环节的改革取得重大突破，战略性新兴产业发展的市场准入与竞争机制、技术标准、财税激励和投融资机制、知识产权保护政策、人才队伍建设等更加完善，形成有利于战略性新兴产业发展的良好环境。

（三）产业集聚发展效益显著

突出核心发展区域，推进产业集聚发展，形成优势产业集群，创新能力、竞争实力和技术装备水平等达到国内先进水平，部分领域进入国际先进行列，建成国家信息、软件、新能源、民用航空、新材料和生物高技术产业基地，打造100个销售收入突破10亿元的重点产品，培育10户销售收入超百亿元的龙头企业。

（四）对经济发展贡献显著提高

"十二五"期间，力争四川省战略性新兴产业增加值年均增速高于全省规模以上工业增加值增速，到2015年，四川省战略性新兴产业总产值突破10000亿元，增加值超过3000亿元，占全省生产总值的比重达到10%左右，对产业结构升级、节能减排、增加就业等带动作用明显提高。

二 陕西省战略性新兴产业发展前景

以统筹科技资源改革为动力，以支撑和引领陕西省经济社会发展为目的，以营造良好的产业发展环境为重点，坚持依靠自主创新推动技术进步，坚持依靠市场需求推动产业发展，坚持依靠创新驱动推动经济社会转型，积极培育高端装备制造、新一代信息技术、新能源、新材料等产业；大力推进生物、节能环保、新能源汽车等产业，推动产业结构优化升级，促进全省经济社会又好又快发展。

（一）支撑引领经济社会发展

组织实施产业重大创新发展工程，加快航空、卫星应用、物联网、激光器及应用、集成电路、半导体照明、光伏、风电设备、高性能碳纤维及应用、钛及钛合金、生物医药等核心产业链建设，带动产业集群化发展。战略性新兴产业在国民经济中的比重进一步提高，到2015年，战略性新兴产业增加值达到3000亿元，占GDP比重达到15%。

（二）自主创新能力明显提升

组织实施科技创新工程，加快推进产学研用结合，以企业为主体建设和完善100个创新平台（包括工程实验室、工程中心和企业技术中心），依托大型骨干企业建设、重组10个工业技术研究院，建设和完善20个高技术产业基地支撑服务平台，初步形成以企业为主导的技术创新体系和以园区为载体的综合服务体系。到2015年，战略性新兴产业中企业R&D投入占销售收入比重超过5%。

（三）产业聚集效应显著增强

加快推进航空、航天、生物、软件外包、新材料等战略性新兴产业示范基地建设，基地综合服务功能和支撑作用明显增强。西安、宝鸡创建国家创新型城市工作取得阶段性成果，杨凌、榆林力争成为国家创新型试点城市，高端人才、技术成果和金融资本加速向创新型城市聚集，创新驱动城市经济社会发展的成效逐步显现。到2015年，以西安为核心的关中高新技术产业开发带将成为国内高端人才聚集、科技成果转化、战略性新兴产业崛起的高地。

三 云南省战略性新兴产业发展前景

（一）新兴产业的支撑引领作用明显提高

组织实施产业发展创新工程、核心产业链建设工程，实现战略性新兴产业规模化、集群化、高端化发展。到2015年，六大战略性新兴产业实现销售收入超5000亿元，年均增速超20%，工业增加值占GDP的比重达到10%左右，战略性新兴产业形成健康发展、协调推进的基本格局，对产业结构升级的推动作用显著增强，在解决资源、环境、健康、安全等"瓶颈"问题中发挥更加重要的作用。

（二）新兴产业的自主创新能力大幅提升

重点培育工业产值超10亿元的50户重点企业，其中，工业产值超30亿元的20户，超50亿元的5户；掌握一批产业核心关键技术，打造一批国内外知名品牌，形成一批相关行业标准，建立重要产品的技术标准体系。确立生物资源可持续利用，生物技术服务，红外及微光夜视，大型数控机床，轨道交通大型养护机械，稀贵金属新材料，有色金属精深加工，空港自动化物流成套设备等领域在全国的领先地位。到2015年，战略性新兴产业R&D投入占企业销售收入的比重超过5%。

（三）新兴产业的产业集聚效应显著增强

重点打造10条区域特色产业链；建成10个特色鲜明、创新能力强的战略性新兴产业基地（园区）；滇中地区成为云南省战略性新兴产业的重要集聚区，工业产值占全省战略性新兴产业工业产值比重80%以上。

战略性新兴产业成为云南国民经济和社会发展的重要推动力量,局部领域达到国际领先水平。到 2020 年,工业增加值占 GDP 的比重力争达到 15%,吸纳带动就业能力显著提高;生物、光电子、高端装备制造三个产业成为支柱产业,节能环保、新能源、新材料三个产业成为先导产业;云南成为在东南亚、南亚有影响力和辐射作用的战略性新兴产业基地。

第七章 关于西部经济社会跨越式发展政策与建议

第一节 优化经济结构,发展高效特色经济

《中共中央关于制定国民经济和社会发展第十二个五年规划的建设》明确指出,"十二五"时期,要以加快转变经济发展方式为主线、以经济结构战略性调整为主攻方向,实现经济社会又好又快发展。经济结构调整要始终贯穿于经济发展的全过程,但经济发展具有阶段性,不同发展阶段具有不同任务。就当前和今后一段时期看,经济结构调整的重点和关键主要包括需求结构、三次产业结构、区域布局结构、要素投入结构等几个层面,需求结构调整是关键,产业结构调整是重点。由于西部地区幅员辽阔,具有丰富的战略性资源,以及明显的后发优势和发展潜力,必将成为我国扩大内需和承接产业转移的重点区域。西部地区要抢抓发展机遇,不断推进经济结构调整,实现地区跨越式发展。

一 构建现代产业体系,完善特色优势产业体系

(一)西部地区应不断加快现代产业体系构建,深入推进产业结构调整

首先,大力推进新型工业化、农业产业化、服务业现代化建设,保障三次产业协同发展,并努力推进信息化和工业化融合,利用先进实用技术、改良工艺设备提升传统产业产能,增强新产品研发能力和品牌竞争力,优化企业组织结构,淘汰落后产能,促进传统产业成功转型,提高质量。

其次,大力发展优质高效的效益型农业、设施先进的科技型农业、资源节约的节约型农业和环境友好的生态型农业,促进农业由传统向现代转

型；再者，推进战略性新兴产业发展并紧紧围绕节能环保、新一代信息技术、生物、高端装备制造、新能源、新材料和新能源汽车等重点领域，培育一批科技含量高、成长潜力大、竞争力强的创新性企业，建设一批特色鲜明、创新能力强、集聚发展的战略性新兴产业示范基地，加快形成先导性、支柱性产业。

最后，发展生产性和生活性服务业，建立健全公平、公正、公开的市场准入准则，培育新热点，推进规模化、品牌化经营，促进服务业发展适应经济社会发展需求。

(二) 大力发展特色优势产业

西部地区拥有畜牧业等较多的优势产业，在推动西部地区经济发展及新型城镇化建设中起到了至关重要的作用，且有助于金融、财政等优惠政策，助力西部地区优势产业不断成长、壮大，西部地区应发挥现有资源优势，改造传统资源型特色优势产业，不断延伸产业链条，继续发展壮大能源及化学工业、重要矿产开发及加工业等资源型特色优势产业，努力建设国家能源基地和资源深加工基地。

西部地区最具有优势的特色产业是"特殊农业及农产品精深加工"和"能矿资源开发及高耗能产业"，因此，继续加大管理及运用，必将有效推动西部地区经济社会持续健康发展。

首先，加快畜牧业及其相关产业建设，支持特殊医药产业和西部特有优势产业发展。西部地区拥有广阔的草原及高原，如内蒙古自治区、新疆维吾尔自治区都是畜牧业生产大省，依托畜牧业发展优势，延伸畜牧业生产链条，促进经济发展。将重点放在毛纺业及肉食品加工业中，延伸整个产业链条，促进畜牧业后续发展；而重庆市和四川省是我国重要的生猪生产地区，在两地区发展猪肉的深加工，具有广阔的发展前景。除此之外，西部地区药用植物资源也十分丰富，借助于独特的地理环境，发展特有药用植物也是经济增长的亮点之一。

其次，重要发展有色金属行业。西部地区拥有西北有色金属工业带和西南有色金属发展带两大有色金属重点发展区域。西北有色金属工业带主要包括包头、银川、金川为中心的稀土、有色金属深加工基地；宁夏的钽、铌、铍加工生产基地；金昌镍钴生产基地、铂族贵金属提炼中心。而西南有色金属发展带主要集中在四川南部、云南、贵州、广西一带。以四川攀枝花为中心的钒钛资源综合利用和新材料开发产业带；以贵州的遵义为中心，发展钛、锰及合金等材料的产业化；以贵阳、百色和平果为中心发展铝资源的深加工和综合利用；以云南为中心，重点支持铅锌资源和锡矿的综合开发和利用。

二 推进自主创新，塑造竞争新优势

西部地区必须紧紧把握国家推进自主创新战略和世界科技进步的历史发展机遇，借助现有优势平台，联合相关科研院所及优质高校开展新一轮技术革命，实现跨越式发展。增强自主创新能力应坚持以企业为主体，以市场为导向，产学研相结合的发展思路，使企业成为技术创新和成果转化的单位，科研院所及高等院校和社会中介组织成为后援力量，形成全社会共同推进自主创新的良好局面。西部地区可以形成以省会城市为中心，向周边地区辐射的城市圈，加强推进产品创新和民族品牌建设，提高企业核心竞争力，培育竞争新优势。在有条件的省份建立国家高效生态经济示范园，大力发展高效生态经济。

第二节 突破基础条件约束，重视基础设施建设

一 加快交通通信等基础设施建设

加快推进西部地区信息化的基础设施建设，就是要以交通、水利、通信为重点，加快信息化进程，实现西部地区经济社会跨越式发展。

基础设施建设具有前期投资大、运营周期长、效果显现慢等特征，因此，依靠传统的政府公共财政支出难以满足其增长需求，这就需要拓宽投资渠道，以政府为主导，吸收民间资本运作，以市场化为重点，充分给予市场在资源配置中的决定性作用，积极鼓励民间资本参与到西部地区基础设施建设中来，十八届三中全会审议并通过的《中共中央关于全面深化改革若干重大问题的决定》也指出要推动民间资本融入，促使民间资本以 BOT、PPP 等方式参与基础设施的融资。此举既可缓解政府财政压力，又能形成良性的市场竞争氛围，保障基础设施建设的质量及运行效率，达到预期效果。

二 加快铁路水路航空交通建设

西部地区位于内陆，交通建设严重滞后于中东部地区，并成为经济发展的"瓶颈"。因此，要实现西部地区经济社会跨越式发展，交通建设应

先行。推进兰新铁路第二双线以及成都至重庆、西安至宝鸡客运专线等在建项目建设，力争开工宝鸡至兰州、西安至成都客运专线以及成都至贵阳、敦煌至格尔木以及渝黔线扩能等重点铁路工程。积极推进蒙西至华中、银川至西安、哈密至额济纳以及成昆线、包兰线扩能等项目的前期工作。加快西江航运干线和西南水运出海通道建设，积极推进重庆长江上游航运中心和其他内河港口规模化、专业化港区建设。同时，加快通用航空建设，支持构建公益性航空服务网络；推动航空运输企业发展，增加航线航班，以加大运力投入。

三　加快重点水利工程建设

西部地区地势险要，海拔相差较大，高原、山区与平原共存，在地势合适流域适时展开水利工程，加大水利建设，对丰富的水资源加以再加工，将有助于推动西部地区生产生活。因此，西部地区应科学推进四川亭子口、小井沟、贵州黔中、西藏旁多以及广西漓江补水、甘肃引洮、青海引大济湟等重点水利工程建设，开工建设新疆西水东引等重点水资源调配工程。同时，加强大型灌区续建配套与节水改造、大型灌排泵站更新改造和节水灌溉、牧区节水灌溉等相关建设。

四　加快电网区域网架建设和通信基础设施建设

要提高西藏自治区、新疆维吾尔自治区、青海省、甘肃省、四川省、云南省等偏远地区的供电能力，加大电网区域网架建设。尽快实施新一轮的农村电网改造升级工程，完成广西壮族自治区、重庆市、陕西省等农村水电增效扩容改造试点工作，加快其他西部省区增效扩容改造前期工作，稳步推进水电新农村电气化县和小水电代燃料生态保护工程建设。同时，加快城镇污水处理能力，保证生活垃圾处理等公用设施建设。实施空白乡镇邮政局所补建工作。继续推进通信基础设施建设，开展通信"村村通"工程，将服务从电话业务扩展至互联网业务。此外，还要支持实施"宽带战略"，积极推动"三网融合"试点工作。

第三节　推动科技进步，加大投入力度

一　加强西部科研基础设施建设

科研基础设施建设为国家开展各项科学实验提供科研平台，其建设成

效将直接影响我国科技实力。因此，继续加强西部地区国家重点实验室和国家工程技术研究中心建设，围绕西部地区的特色产业，借助于高校及科研院所创新能力，在高技术产业化和企业技术中心等方面给予支持；同时，继续争取国家专项资金加强对国家重点实验室、国家工程技术研究中心、国家工程研究中心、生物种质资源库、科技信息网络等科技基础设施建设的支持。

二　推进西部企业创新能力建设

要实现经济社会跨越式发展，就必须实施创新驱动战略，提高自主创新能力，构建以企业为主体、市场为导向、产学研相结合的技术创新体系。西部省份原有的国防工业科技实力比较雄厚，拥有国内较为坚实的科技基础。目前，甘肃省综合科技进步水平已位于全国中游水平，尤其是企业创新能力建设突出，部分领域的研发更是居全国领先水平。要切实提高西部地区科技创新能力，打造西部科技创新高地，为全面建成小康社会的目标提供强大支撑。就甘肃省而言，到2020年，要达到全社会研发经费占GDP比重达到2.5%，战略性新兴产业增加值占GDP比重达到12%，科技进步贡献率达到55%以上的目标。同时加快建立企业为主导的产业技术创新体制，大力实施企业技术创新培育工程，健全各项政策优惠支持，加大创新奖励力度，激励企业增加创新投入，鼓励企业建立研发机构，引导科技资源向企业聚集。在研发投入、科研组织和成果转化等环节，强化企业的主体地位，培育具有自主知识产权和品牌的创新型企业。

三　提升民营经济创新驱动发展新动力

民营经济作为西部地区经济增长点，在经济结构中发挥着越来越重要的作用，应作出重要调整。首先，十八大报告中指出，要重新定位市场在资源配置中的位置，因此，应将市场置于决定性地位，充分发挥市场作用，降低民营企业进入"门槛"减少准入限制，增加进入市场竞争的机会。其次，改善相关市场环境，加大在金融、财政等领域的支持力度，保证民营企业在市场竞争中处于平等地位。最后，建立健全相关法律法规，完善相关知识产权保护制度，真正从法的视角维护民营企业合法权益。

探索西部跨越式发展新模式，总结推广西部跨越式发展新经验，努力挖掘创新驱动发展新动力。实践证明，白银市创新土地资源利用的"白银模式"，康乐县的"公司+基地+协会+农户"的"康乐模式"，城镇化建设的"金山模式"和推进信息化建设的"甘肃模式"，都具有较强的推广价值，具有推广的必要。

第四节 大力发展教育，吸引人才参与西部建设

一 加大基础教育投入

教育是立国之本，强国之路。教育与政治、经济、文化等各方面有着极为紧密和深刻的本质联系，对国家或民族的生存和发展起到关键性影响。1996年，国际21世纪教育委员会提交了《教育——财富蕴藏其中》的报告，其最核心的思想在于教育应使受教育者学会学习的教育目的的思想，即教育要使学习者"学会认知"、"学会做事"、"学会共同生活"和"学会生存"，该理念迅速被世界各国教育学者认可。接受计划性的指导，系统地学习文化知识、社会规范、道德准则和价值观念。学校教育从某种意义上讲，决定着个人社会化的水平和性质，是个体社会化的重要基地。知识经济时代要求社会尊师重教，学校教育越来越受重视，在社会中起到举足轻重的作用。

20世纪80年代以来，我国历来重视对教育经费的投入，推动了教育事业发展。但是，西部地区由于受到历史、观念等因素影响，教育经费投入未能得到更充分保障，在一定程度上阻碍了经济社会的发展。这就需要一方面适当增加政府财政投入，提高教育支持力度，拨付专项资金支持偏远地区教育事业，提高偏远地区教育文化水平；另一方面吸引社会力量参与，拓宽投资渠道，采取多种形式办学。同时，西部高等教育的发展要以提高劳动者的综合素质为主，培育具有各类专业知识的高素质人才，积极鼓励大学生到边远山区支教，但政府应为支教学生提供全面保障措施。

二 推进现代信息技术运用

现代信息技术在教育教学中起到巨大的推动作用，信息技术在教学中的运用成了当前教育发展改革全局中的关键环节，与传统的教育教学模式相比，在教学中采用现代信息技术具有明显的先进性。信息技术应用于教

育领域，不仅体现为教育形式、方法和手段等方面的发展和变化，对教育各方面都产生影响。①

伴随西部地区网络资源的开通及广泛应用，学校应积极学习并运用现代信息技术，特别是对于经济困难地区，教育部门应加大对信息化建设的投入，使信息化教学贯彻到每堂课程；同时，建设西部地区远程教育体系，提高教师教学能力的同时，有利于推动教育信息化建设，积极扩大西部地区闭塞的信息资源，使西部地区能够最大限度地享用现代教育资源。

三 建立健全相关政策和法律

西部大开发以来，我国制定了一系列的法律法规及各项指导意见，为西部地区经济社会发展提供了强有力的法律保障，既维护了西部地区社会安定，又促进了西部地区各项事业有序发展。为实现西部地区跨越式发展，国家应继续加大对西部地区的政策扶持力度，不断建立健全有关教育事业的各项法律规章制度，从而真正形成尊重知识、尊重人才的良好社会环境，积极吸引外部人才参与西部开发和建设。目前，我国涉及保护人才政策的法律法规偏少，人才的合法权益保护程度意识不够，这就要求西部地区不断完善教育法律法规，完善知识产权保护制度，努力维护人才权益，保护知识产权，尊重科技劳动成果，积极鼓励技术创新，增加科技投入，促进社会教育良性发展，使人才的创造成果得到充分保障。

第五节 坚持改善民生，加强城镇化和信息化建设

经济社会发展的核心是保障和改善民生，要实现西部地区经济社会跨越式发展，就要始终坚持以人为本，理应实现好、维护好、发展好人民根本利益，高度关注和改善民生，使改革和发展的成果源源不断地惠及全体民众，为人民谋取更多福祉。

一 深化体制改革，实现又好又快发展

体制改革涉及西部地区经济社会发展的各方面，其中包括经济体制改革、政治体制改革、科技体制改革及文化体制改革等，这都是我国坚持社

---

① 赵菲菲、严化宁：《现代信息技术在教学中的应用》，《科技信息》2012 年第 10 期。

会主义道路的重要保证。在实现西部地区跨越式发展过程中，要深化体制改革，促进经济社会协调发展。

保障和改善民生，必须立足在经济发展基础之上。只有保证经济建设，才能够改善人民生活条件，提高人民生活质量，因此要实现经济又好又快发展，重中之重在于深化经济体制改革。经济体制改革的核心问题是处理好政府和市场的关系，这就需要尊重市场规律，更好发挥政府作用。在经济体制改革中要毫不动摇巩固和发展公有制经济，推行公有制多种实现形式，推动国有资本更多投向关系国家安全和国民经济命脉的重要行业和关键领域，不断增强国有经济活力、控制力、影响力。同时，毫不动摇鼓励、支持、引导非公有制经济发展，保证各种所有制经济依法平等使用生产要素、公平参与市场竞争、同等受到法律保护。健全现代市场体系，加强宏观调控目标和政策手段建设。进一步转变政府职能，理顺政府与企业、政府与市场之间关系，强化企业的市场主体地位，充分发挥市场配置资源的决定性作用。

二 合理安排预算支出，提高基本公共服务能力

财政投入与解决民生问题是相互影响、相互制约的，政府财政投入增加，更有利于解决民生问题，否则，民生及社会问题便会凸显出来。西部地区政府部门加大对三农问题的转移支付力度，合理安排公共财政预算支出，切实保障民生基础问题，加大基础设施建设，从而缩小城乡差距和贫富差距，为有效推动城镇化建设提供保障。

由于西部地区地处我国边疆，尤其是西北、西南地区多为荒漠和高原，恶劣的环境给当地人民带来了极大的影响，且进一步加大了基础设施服务建设的难度，这就要求地方政府转变工作思维方式，真正贴近群众，为民谋福，加大对与人民群众生活所必需的经济环境和基础设施建设，如邮政、通信、自来水、交通等公共事业，维护市场秩序。

三 创新社会管理，畅通社情民意表达渠道

2011年，十一届全国人大四次会议作政府工作报告指出，要加强和创新社会管理，加快建立健全维护群众权益机制、行政决策风险评估和纠错机制，加强信访、人民调解、行政调解工作，拓宽社情民意表达渠道，关注民生、保障民生和改善民生。而社情民意表达渠道，是公民表达利益诉求、提出参政议政意见、开展民主监督的有效途径，只有保障社情民意，才能真正从民众利益出发，制定更符合人民生活水平的政策建议，真

正改善人民生活质量，提高人民生活水平。

这就要求西部地区各省份转变政府服务理念，牢固树立以人为本的服务理念，时刻谨记人民生活，加大反腐倡廉力度，创新社会管理模式，提高政府在公共领域及社会管理方面的执行力，协调各种社会关系、规范社会主体行为、化解社会矛盾，保障社会安定大局，同时，创新民意沟通表达机制，搭建电话、网络服务平台，保障社情民意及时传达至管理者，切实维护人民群众当家做主的权利，真正形成畅通有序、利民亲民的社情民意表达渠道。

四 加强城镇化和信息化建设是改善民生的重要手段

党的十八大报告中指出，促进工业化、信息化、城镇化、农业现代化同步发展，要求"必须以改善需求结构、优化产业结构、促进区域协调发展、推进城镇化为重点，着力解决制约经济持续健康发展的重大结构性问题"。城镇化和信息化建设的目的，就是让人民群众过上好日子，让人民群众更加幸福美满。要建设以农业发展为基础、以工业化为先导、以城乡产业联动发展为支撑，扎实产业根基的新型城镇化。要从倡导工业支援农业到强化实施以工哺农、以城带乡的方针，逐步形成推进城镇化与建设新农村双轮驱动的新型城镇化。

西部地区农业发展水平落后于中东部地区，农业发展的基础性条件较差，整体发展能力及水平偏低，城镇化建设速度相对缓慢，而信息化建设更为不发达，这就给西部地区在实现跨越式发展中提出了巨大的挑战，地方政府应提高城镇化和信息化建设意识，积极推动各项建设发展，做好二者的协调规划。坚持城镇化建设与信息化建设稳妥开展，保障人民物质生活和精神生活，真正增进人民福祉。

第六节 加强民族地区安定团结，保持稳定发展环境

改革发展，稳定为先。维护社会稳定，是顺利实现经济社会跨越式发展的必要前提，保证人民安居乐业的基本条件。当前，我国正处于经济体制转轨时期，保持社会稳定更具有重大的现实意义。

一 大力推进经济发展,维护社会稳定

根据西部地区特有的地理及历史特色,应着重从农业、特色工业及特色旅游业着手,重点推动西部地区经济发展。

首先,发展特色农业。一是加快畜牧业发展。农、畜产品是西部地区第一产业的重要收支来源,加强农、畜产品生产基地建设,提升相关人员科学文化水平,进一步推动农业专业化、集约化、产业化经营,增加农业产品附加值;二是大力发展草业。甘肃省拥有丰富的畜种资源,其1.5亿亩天然草场为畜牧业提供了宽广的草料来源,加大对草业的保护及开发力度,既为畜牧业生产提供了重要原料,又带动了当地经济发展。

其次,依靠区域优势,构建特色工业。西部地区部分工业在全国都有重要影响,如临夏州的皮毛加工、阿克塞县的饲草加工及甘南州的系列藏药生产等,这些特色工业产品具有较大的差异化发展策略,也为市场开拓提供了分销渠道,因此,重点巩固、培育、发展此类工业产业,使其成为该地区的支柱产业,才能在经济发展中实现突破。同时,传统畜牧业一直是甘肃省、内蒙古自治区等省份的发达产业,但目前仍停留在草场放牧、饲草天然生长、肉食品分散经营阶段,因此,应借鉴西方国家畜牧业发展经验,以饲草人工种植、肉食品集中加工经营等方式,组建牛羊肉加工、皮毛加工、地毯加工等产业集团,促使小规模分散经营的初级加工业向规模化、集约化、高技术含量发展。

最后,发展特色旅游业。旅游资源是西部地区的优势资源,旅游业是与生态环境高度相关的产业,旅游业对促进地区交流,增加客流、资金流、信息流和物流、商流,对带动商业、服务业等第三产业的发展,对交通运输、邮电通讯等产业发展,对繁荣市场、拉动内需、人民脱贫致富、提高生活水平和质量、改进和提升地区形象、扩大地区影响,都能发挥重要推动作用。因此,借助西部大开发的东风,西部各省区市都将优先开发与发展旅游作为地区开发建设的重要举措,"西部开发、旅游先行"已经成为西部地区和全国人民的共识,西部地区旅游也进入全面开发建设时期。西部地区少数民族众多、地理环境资源丰富、人文历史浓厚,孕育了丰富的旅游资源,具有独特性,应充分挖掘和利用这些特色旅游资源,开发满足现代旅游者需求的旅游产品,西部地区还蕴含丰富的自然资源,可供旅游开发。

二 巩固党的领导，促进民族团结

中国共产党结合我国实际情况，将马克思对民族问题的基本理论做出了重新阐述，创新性探索出具有中国特色的民族政策，实践再一次证明，中国共产党的民族政策是完全正确的、可行的。坚持民族平等，维护民族团结，巩固和发展社会主义民族关系，是党坚持的原则。我国宪法也明确规定："中华人民共和国各民族一律平等。国家保障各少数民族的合法权利和利益，维护和发展各民族的平等、团结、互助的关系。禁止对任何民族的歧视和压迫，禁止破坏民族团结和制造民族分裂的行为。"

西部地区有回族、藏族、维吾尔族、蒙古族、哈萨克族等众多少数民族，各民族人民为西部地区社会经济发展提供了人力及智力支持，为经济快速发展做出了突出贡献。加强中国共产党领导就能稳定发展的大局，而积极推动民族团结，有助于社会秩序的稳定。从而又为经济发展提供重要前提，只有稳定的社会环境，才能保证人民生活水平的不断提高，才有可能为经济发展提供环境保障。目前，西部地区，尤其是新疆维吾尔自治区及西藏自治区出现了部分恐怖分子及分裂民族统一的极端分子，企图割裂民族团结，势必将得到应有的惩处，全国各族人民有义务团结起来共同抵制。因此，这就需要继续坚持民族政策，努力做好少数民族工作，在广大干部群众中深入开展马克思主义民族理论和民族正常学习，开展马克思主义民族观和宗教观的教育活动，扎实推进民政工作顺利开展，为实现西部地区经济社会跨越式发展提供重要保障。同时，在广大干部群众中深入开展马克思主义民族理论和党的民族政策的学习与教育，牢固树立民族团结的理念。

第八章 研究结论及展望

第一节 研究结论

本书以实现西部地区经济社会跨越式发展为主线，以甘肃省经济社会发展为出发点，力求通过以点带面的方式全面剖析西部地区经济社会发展现状，寻找支撑西部地区经济社会发展的潜在能力，同时，考证制约西部地区发展的各种因素，从而得出为实现西部地区经济社会跨越式发展而采取的合理化建议，促进西部地区经济社会持续健康发展。

本书始终把握国家政策对西部发展的影响、全国经济社会发展对西部的影响，以及已经实现跨越式发展的地区和国家的经验对西部发展形成的影响。在调研分析甘肃省模式时，根据过去十年间甘肃省在经济、社会、科技、教育及对外贸易等方面的发展现状，找到促使甘肃省经济发展的比较优势，并通过对影响经济发展的劣势进行分析，得出其以后经济发展应着力改造的方向，通过实地调研，运用发放调查问卷的形式，对所搜集到的信息及调查问卷结果进行认真分析，再结合过去甘肃省经济社会发展的各项指标，总结得出甘肃省跨越式发展模式（如金山模式、白银模式、康乐模式及甘肃工商模式等）。运用类比方法，对整个西部地区经济社会发展现状进行全面论述，以甘肃省模式为例，找出适用于西部各省市经济社会跨越式发展的道路，并通过对新兴产业发展的现状描述，提出西部战略性新兴产业发展的愿景，进而提出促进经济社会发展的政策与建议，最终实现西部地区持续跨越式发展。

本书认为，西部地区历经几十年发展，已经取得了明显改善，经济发展速度高于全国平均水平、经济总量不断攀升、社会生活逐渐安定、人民生活水平逐年提升，西部地区已经逐步摆脱了落后局面，但是由于受到自然、历史等各方面因素影响,其发展质量与中东部地区相比,仍有很大差距。而要实现西部地区经济社会的跨越式发展,也具有一定的难度,这就需要国家及西部地区政府继续加大政策扶持力度,注重关注西部地区经济社会协调发展,进一步优化产业结构,以发展高效特色经济为突破口,提升经济发展整体质量;同时,积极拓宽融资渠道,以政府主导为主,发挥市场在资源配置中的决定性作用,加大西部地区基础设施建设,以摆脱以往基础条件差的劣势,进而加强与中东部地区的沟通,将中东部地区成功发展模式推广至西部相关省份,不断吸引优质人才参与到西部地区建设中,着力改善民生环境,推进城镇化建设,真正提高人民福祉。

第二节 展望

经济社会跨越式发展不仅是甘肃省所面临的发展命题,更是整个中国西部地区的发展命题。从全国均衡发展来看,党的十八大报告强调,全面建成小康社会,要加强"五位一体"建设,即加强经济建设、政治建设、文化建设、社会建设和生态文明建设,这是建设中国特色社会主义的总布局。这就要求西部地区必须实现经济社会跨越式发展,缩小与东部地区的差距,共同建成小康社会。

而要真正实现经济社会的"跨越式发展",就绝对不能重走20世纪五六十年代搞"大跃进"的老路,它必须有新的内涵。另外,"跨越式"也要求我们不能再按照传统的经济社会发展模式亦步亦趋,如果还是这个思路,那么你永远就是追赶,永远就是没希望。这就要求西部能够抓住机遇,寻找很好的发展模式。甘肃省委十一届十次全委会议上提出了努力在"十二五"时期实现全省经济社会跨越式发展的奋斗目标。主要是通过创新发展理念、转变发展方式、拓宽发展思路、提升发展层次,以高于西部地区平均水平的增长速度,实现经济社会发展位次的前移,尤其是人均生产总值和人均收入的位次前移。从生产总值来说,到2015年,人均生产总值缩小与西部地区平均水平的差距,全省生产总值的增幅必须达到13%,如果接近西部地区平均水平,增幅必须达到15%。从居民收入来看,到2015年,接近西部地区平均水平,城镇居民收入增幅必须达到13.8%,农村居民收入增幅必须达到14.4%。从甘肃省自身来讲,他们有内生的促进区域经济良性互动、协调发展，注重提高发展效益和质量，努力实现经济发展新跨越，为全面建成小康社会宏伟目标而努力奋斗的决心和力量。本书的研究主要以甘肃省为主，但是，西部各省份在具体发展过程中，仍面临着不同的发展难题，这就要求西部地区各省份借鉴成功发展经验，因地制宜制定适宜本省份发展的战略规划，进而达到西部地区整体实现跨越式发展的目标。

  当前，中央政府明确提出"推进丝绸之路经济带、海上丝绸之路建设，形成全方位开放新格局"的重大战略方针，为西部地区发展提供了广阔的市场发展空间，也为其转变资源开发方式提供了有利契机。伴随着国家"一带一路"发展战略的逐步深入，西部各省份将面临更多的发展机遇与挑战，且具有更大的可升值空间。因此，处于经济转型升级关键阶段的西部各省份更应该借助于国家实施全面深化改革的浪潮，把握好有力发展时机，依托资源优势，进一步激活市场发展活力及与中部、东部地区之间的合作潜力，加快西部大开发步伐，通过对内外沟通，充分发挥优势条件，在区域合作的新格局中寻找未来发展的着力点，推动西部地区经济社会实现跨越式发展。

附录

相关图片资料

西北土地（照片提供：李群）

西北自然环境（照片提供：李群）

废弃的工厂（照片提供：李群）

西部农村（照片提供：李群）

国务院办公厅关于进一步支持甘肃经济社会发展的若干意见

国办发〔2010〕29号

各省、自治区、直辖市人民政府，国务院各部委、各直属机构：

甘肃是我国西北地区重要的生态屏障和战略通道，在全国发展稳定大局中具有重要地位。改革开放特别是实施西部大开发战略以来，甘肃经济社会发展取得很大成就，正处在加快发展的重要阶段。由于自然、地理、历史等原因，甘肃经济社会发展还面临许多困难和问题，与全国的差距仍在拉大，需要国家给予支持。为进一步支持甘肃经济社会发展，经国务院同意，现提出以下意见：

一　支持甘肃经济社会发展的总体要求

新疆、青海、宁夏、内蒙古的桥梁和纽带，对保障国家生态安全、促进西北地区民族团结、繁荣发展和边疆稳固，具有不可替代的重要作用。甘肃国土面积广阔、生态地位重要，但自然条件严酷、生态环境脆弱；地处交通要冲、区位优势明显，但基础设施薄弱、"瓶颈"制约严重；资源相对富集、工业基础较好，但产业竞争力不强、自我发展能力不足；人力资源丰富、技术力量较强，但社会事业落后、贫困问题突出；历史文化厚重、发展潜力巨大，但体制机制不活、开放程度较低。支持甘肃经济社会发展事关实施西部大开发战略全局，是构建西北地区生态屏障、促进可持续发展的客观需要；是维护大局稳定、保障国家安全的战略举措；是缩小区域发展差距、实现全面建设小康社会目标的必然要求。

（一）指导思想。以邓小平理论和"三个代表"重要思想为指导，深入贯彻落实科学发展观，坚定不移地实施西部大开发战略，进一步解放思想，开拓创新，着力加快基础设施建设步伐，逐步消除"瓶颈"制约；着力加强生态建设和环境保护，构建资源节约型和环境友好型社会；着力改善和保障民生，提高基本公共服务水平；着力发展壮大特色优势产业，增强自我发展能力；着力深化改革和扩大开放，增强发展的动力和活力，努力建设工业强省、文化大省和生态文明省，以新思路、新举措走出一条符合自身实际、具有甘肃特色的跨越式发展道路，推动经济社会又好又快发展。

（二）基本原则。

——坚持立足当前，着眼长远发展。既要抓紧解决当前经济社会发展的突出矛盾，积极应对国际金融危机挑战，又要谋划事关全局和长远发展的重大战略问题，创新发展的体制机制。

——坚持科学发展，转变发展方式。要以生态建设与环境保护为前提，以转变经济发展方式和发展循环经济为切入点，促进经济社会与人口、资源、环境协调发展。

——坚持以人为本，注重改善民生。要把解决贫困问题和提高各族群众的生活水平作为一切工作的出发点和落脚点，着力解决群众最关心、最直接、最切身的民生问题。

——坚持统筹兼顾，突出战略重点。要统筹城乡、区域和经济社会发展，加快重点产业、重点领域和重点地区发展，着力培育新的经济增长点，增强自我发展能力。

——坚持自力更生，加大支持力度。要发扬艰苦奋斗精神，立足自身努力加快发展。针对甘肃发展中的实际困难和问题，国家进一步加大支持和帮助力度。

（三）战略定位和重点发展战略。甘肃发展的战略定位是，连接欧亚大陆桥的战略通道和沟通西南、西北的交通枢纽，西北乃至全国的重要生态安全屏障，全国重要的新能源基地、有色冶金新材料基地和特色农产品生产与加工基地，中华民族重要的文化资源宝库，促进各民族共同团结奋斗、共同繁荣发展的示范区。

——实施"中心带动、两翼齐飞、组团发展、整体推进"的区域发展战略。充分发挥兰州等中心城市辐射带动作用，积极打造陇东、河西两大能源基地，构建各具特色的组团式发展格局，全面推进区域协调发展。

——实施以加强薄弱环节为重点的基础设施建设战略。加强综合交通运输体系建设，打通资源能源运输通道，加强水利工程建设，提升经济社会发展的基础设施保障能力。

——实施以节水和治沙为重点的生态安全战略。建立健全水资源管理体制，全面推进节水型社会建设。加强重点地区生态建设与环境保护，加快实施生态补偿，加大对生态功能区转移支付力度，建设生态文明示范区。

——实施以改善民生为重点的社会发展战略。以"两州两市"（甘南藏族自治州、临夏回族自治州、定西市、陇南市）为重点，大力推进扶贫开发，加快脱贫致富步伐，大幅度提高基本公共服务水平。

——实施以优势资源开发转化为重点的产业发展战略。加快建设能源化工、有色冶金、装备制造、农产品生产与加工等产业基地，着力发展循环经济，突出发展新能源、新材料，积极发展文化产业、旅游业和物流业，构建具有甘肃特色的现代产业体系。

（四）发展目标。

——到2015年，人均地区生产总值缩小与西部地区平均水平的差距，城乡居民收入接近西部地区平均水平，贫困人口大幅减少，基础设施条件得到明显改善，生态环境恶化的趋势得到有效遏制，特色优势产业得到较快发展，循环经济形成规模，单位地区生产总值能耗实现预期目标。

——到2020年，基本实现全面建设小康社会目标。人均地区生产总值接近西部地区平均水平，综合运输体系基本建成，生态建设和环境保护取得突破性进展，基本公共服务能力大幅提高，人民群众生活水平和科学文化素质显著提高，建成我国发展循环经济的省级示范区，科学发展、和谐发展、可持续发展的能力显著增强，实现经济发展、山川秀美、民族团结、社会和谐。

二 优化空间布局，促进区域协调发展

（五）大力支持兰（州）白（银）核心经济区率先发展。建设兰（州）白（银）都市经济圈，积极推进兰州新区、白银工业集中区发展，做大做强石油化工、有色冶金、装备制造、新材料、生物制药等主导产业，把兰白经济区建设成为西陇海兰新经济带重要支点，西北交通枢纽和物流中心，在全省乃至西北地区发挥"率先、带动、辐射、示范"的中心作用。

（六）着力推动平（凉）庆（阳）、酒（泉）嘉（峪关）经济区加快发展。加快陇东煤炭、油气资源开发步伐，积极推进煤电化一体化发展，构建以平凉、庆阳为中心，辐射天水、陇南的传统能源综合利用示范区。加快酒泉、嘉峪关一体化进程，积极发展风能、太阳能等新能源及装备制造产业，构建新能源开发利用示范区，形成甘肃东西两翼齐飞的经济增长新格局。

（七）全面促进区域功能组团协调发展。按照"功能定位、合理布局、组团发展、整体推进"的原则，重点打造一批区域功能组团。祁连山生态补偿区，实行强制性保护，建立生态补偿机制。武威张掖河西走廊绿色经济区，着力加强防沙治沙，大力发展新能源和生态农业。"两州两市"扶贫攻坚区，加大政策倾斜和资金支持力度，加快脱贫致富步伐。金昌、白银等为重点的循环经济区，大力推行清洁生产，提高能源资源利用效率。加快天水区域中心城市建设，促进关中—天水经济区发展。

三　加强基础设施建设，消除发展"瓶颈"制约

（八）公路建设。加快推进国家高速公路建设，尽快打通断头路，促进国家高速公路网络形成。开工建设永登（徐家磨）至古浪、安西至星星峡（甘新界）等国家高速公路，积极开展雷家角至西峰、兰州南绕城、营盘水至武威、临洮至渭源、白疙瘩（甘蒙界）至明水（甘新界）、大石碑（甘陕界）至天水、兰州至朗木寺、延安至天水至武都等高速公路项目前期工作。加大国省干线公路改造力度，建设敦煌至当金山口、岷县至合作等二级公路，省内国道达到二级以上技术标准，所有县城通二级以上公路。启动建制村通沥青（水泥）路建设。加强旅游景区与干线公路的连接。加快推进兰州、酒（泉）嘉（峪关）、天水、张掖、平凉等公路运输枢纽及物流园区建设，提高农村客运站覆盖率。

（九）铁路建设。加快建设贯通东西、连接南北的铁路大通道，积极推进兰渝铁路、西（安）平（凉）铁路建设，新开工建设兰新铁路第二双线，加快推进宝鸡至兰州客运专线、银川至兰州增建二线、兰州至成都、干塘至武威、兰州至张掖铁路增建三四线、兰州铁路枢纽改造和兰州集装箱中心站建设。抓紧开展兰州至合作、天水至哈达铺、敦煌至格尔木、额济纳至哈密等项目前期工作，开展西宁至成都、平凉至庆阳铁路论证工作。适时启动兰州市城市轨道交通建设。

（十）民航建设。增强兰州机场枢纽功能，加快兰州机场改扩建，合理规划建设兰州国际航空港，积极开辟兰州至日韩、港澳等国际和地区航线。改扩建敦煌、嘉峪关和庆阳机场，新建夏河、陇南、张掖、武威、金昌等机场，适时实施天水机场迁建工程，开展新建平凉机场前期论证工作。鼓励在甘肃设立通用航空公司，建设通航起降点，提升航空应急救援能力。

（十一）水利建设。坚持全面节水与适度调水相结合，加快引洮供水一期、盐环定扬黄续建等骨干水利工程建设，抓紧实施引洮供水二期及受益区配套建设等重点工程，开展引哈济党、靖远双永供水等项目前期论证

工作，全面完成病险水库除险加固任务。积极推动中小型水源建设，提高工业能源基地及城镇供水保障能力。加快大中型灌区节水改造和大型灌排泵站更新改造，完善灌区末级渠系配套。实施渭河、泾河、洮河等中小河流综合治理，加强城镇防洪体系建设和山洪灾害防治。

（十二）城镇基础设施建设。进一步加快城镇道路、供水、供气、供热、垃圾和污水处理、再生水回用、园林绿化等基础设施建设。积极推进兰州新区、白银工业集中区基础设施建设。支持重点城市发展热电联产。加快信息基础设施和数字化城市管理信息系统建设，提升国道、省道移动通信覆盖水平，扩大农村通信覆盖面，提高信息安全和应急保障能力。

（十三）加大基础设施建设投入。中央预算内投资以及其他中央专项资金要加大对甘肃的投入力度。统筹考虑甘肃交通等重大基础设施建设项目的中央投资补助。将部分符合条件的公益性项目国债转贷资金逐步转为拨款。中央安排的病险水库除险加固、农村饮水安全、大中型灌区配套改造以及生态环境、社会事业、基层政权等公益性建设项目，免除县（市）级和甘南、临夏自治州州级配套资金。

四　加强生态建设和环境保护，构建西北地区生态安全屏障

（十四）加大祁连山冰川和生态系统保护力度。启动实施祁连山生态环境保护和建设规划。加快推进退牧还草、天然林保护等重点生态工程，在重点生态脆弱区和重要生态区继续稳步推进退耕还林工程建设，巩固退耕还林还草成果，加强自然保护区建设管理。科学实施人工增雨雪，加强对森林、草原、湿地、荒漠等生态系统和野生动植物资源的保护，逐步恢复和增强水源涵养能力。逐步将祁连山自然保护区核心区的农牧民转为生态管护人员，加快缓冲区农村剩余劳动力转移。研究建设祁连山生态补偿试验区。

（十五）加快石羊河、黑河、疏勒河流域综合治理。大力推进石羊河流域重点治理工程，启动实施石羊河流域防沙治沙及生态恢复项目，确保民勤不成为第二个罗布泊。巩固黑河流域综合治理成果，保护天然湿地。加强敦煌水资源合理利用与生态保护，强化水资源管理，优化用水结构，采取高效节水、适度调水等综合手段恢复月牙泉和西湖湿地生态功能。积极实施三大内陆河流域盐碱化及沙化治理工程，加快推进河西走廊北部风沙区防沙治沙工作，建设防风固沙大型综合防护林体系。大力推广张掖节水型社会建设经验，合理配置生活、生产和生态用水，建立"以电控水、以水定地"的水权制度，支持建设以河西地区为重点的节水型社会示范区。加强流域生态恢复技术体系的研发和推广。

（十六）实施甘南重要水源补给区生态恢复与保护。全面启动甘南黄河重要水源补给区生态保护和建设规划，进一步加大退牧还草、牧区水利、暖棚养殖、饲草料基地、草原鼠害防治和游牧民定居等综合治理项目实施力度。研究建立甘南湿地自然保护区，加强湿地保护，恢复水源涵养功能。支持白龙江流域水土流失治理和地质灾害防治工作。

（十七）推进黄土高原地区和陇南山地水土流失综合治理。稳步实施黄土高原地区综合治理规划，推进退耕还林、天然林保护、三北防护林、坡改梯和小流域坝系工程，积极建设黄河中上游生态修复以及渭河、泾河流域水土保持综合治理等重点生态项目。加大滑坡、泥石流等灾害防治力度，继续实施长江上游水土保持重点防治工程和小水电代燃料项目。统筹规划，加快推进"两江一水"（白龙江、白水江、西汉水）流域生态保护与建设。

（十八）加强环境保护治理力度。坚持预防为主、综合治理，远近结合、标本兼治，着力解决重点流域水污染、矿区环境污染、城市大气污染、农村面源污染和土壤污染等突出环境问题。加大兰州等重点城市大气污染防治和清洁生产支持力度。加快实施水污染防治工程，提高城镇污水处理率和垃圾无害化处理率。推进城市垃圾等固体废物和医疗垃圾等危险废物集中处置设施建设。开展农村环境综合整治。加强兰州等重点城市地质灾害防治工作，研究建立地质灾害防治长效机制。

五 夯实农业发展基础，加快建设社会主义新农村

（十九）大力发展旱作节水农业。积极推广全膜双垄沟播、膜下滴灌等高效旱作节水技术，建设一批旱作节水农业示范区。合理调整种植结构，发展耐旱节水品种。积极发展现代设施农业，推广日光温室和塑料大棚，推动河西走廊星火产业带高效节水设施农业科技示范工程与科技发展支撑体系建设，大力发展高效农业。推进基本农田建设，稳步提升粮食生产水平，提高农业综合生产能力。

（二十）突出发展特色优势农业。支持以定西为主的马铃薯贸工农一体化示范区建设，扶持马铃薯良种繁育体系和贮藏库建设，将马铃薯种植纳入政策性保险补贴范围。加强河西走廊杂交玉米等农作物制种基地建设。加快发展中药材、酿酒原料、林果、蔬菜等产业。积极发展油橄榄、核桃、花椒、食用百合、苦水玫瑰、黄花菜、鲑鳟鱼等地方特色产品。大力发展草食畜牧业，扶持畜禽标准化规模养殖、品种改良和野生动物繁育，加强动物防疫体系建设。积极发展沙产业。加大对农业产业化龙头企业和农民专业合作经济组织的支持力度，重点建设一批现代农业示范农场。支持张掖、武威、定西特色农副产品加工循环经济基地建设。

（二十一）强化农村基础设施建设。加快实施农村安全饮水工程，到2013年基本解决农村饮水安全问题。加强集雨水窖、节水灌溉等小型农田水利设施建设。加快农村和国有农场公路"通达工程"和"通畅工程"建设，基本实现乡镇通油路、建制村通公路。积极发展农村小水电，鼓励开发利用可再生能源。实施小水电代燃料工程。大力发展农村沼气，加强养殖场沼气工程建设。加强农业技术推广，建立健全农村科技服务体系和信息服务网络。加强农村社会化服务体系和农产品专业市场建设，推动农产品冷链物流发展，全面落实鲜活农产品"绿色通道"政策。

（二十二）积极发展县域经济和劳务经济。统筹城乡规划，集约利用土地，完善城镇基础设施，加强产业布局，促进特色产业向城镇集中，引导更多农民进入城镇，增强县域经济发展活力。整合培训资源，依托现有机构和设施在兰州设立农村劳动力转移就业培训基地，加强农村劳动力转移就业和创业能力培训。加大"阳光工程"、"雨露计划"、"西部农民创业促进工程"等农村劳动力转移培训工程实施力度。积极开拓劳务市场，扶持发展劳务中介组织，加强输入地和输出地的协作，着力打造劳务品牌。鼓励农民就近就地转移就业，支持完善农民创业园，扶持外出务工农民回乡创业。全面加强农民工权益保障。加快户籍制度改革，积极研究制定有稳定职业和固定居所的农民转为城镇居民的办法。

六　加大扶贫开发力度，尽快改变贫困地区落后面貌

（二十三）甘南、临夏少数民族地区。加快实施甘南黄河重要水源补给生态功能区生态保护与建设工程，构筑高原生态安全屏障。抓紧引洮济合、引洮入潭、青走道水电站、石门河引水等工程前期工作，尽早开工建设。积极发展高原草原旅游、回藏风情旅游，打造九色甘南香巴拉和临夏穆斯林风情旅游品牌。进一步加大临夏州基础设施和商贸流通设施建设力度，积极推进清真食品、民族特需用品生产加工基地建设。实施刘家峡、盐锅峡、八盘峡水库库区水土治理项目，支持移民安置区生产生活设施建设和产业发展。扶持保安、撒拉等人口较少民族发展。加强和政县古动物化石保护，提升古动物化石博物馆展示服务水平。

（二十四）定西、陇南等特殊困难地区。定西市要大力发展马铃薯产业，建设全国重要的脱毒种薯、商品薯生产基地及精深加工基地，延伸产业链，带动薯农脱贫致富。充分发挥定西药材资源丰富、品质优良的优势，建设全国优质中药材药源基地、饮片加工基地和交易市场。加强渭河源头生态保护与建设，支持建设引洮供水一期配套工程。陇南市要加快发展以黄金、铅锌为主的有色冶金工业，以中药材、油橄榄、核桃、花椒为主的特色农业，以及水电、生态旅游产业，增强自我发展能力。加快汶川地震灾后恢复重建步伐，研究解决灾区长远发展问题。

（二十五）革命老区。庆阳等革命老区要依托石油、煤炭等资源优势，适当扩大原油就地加工规模，把产业发展与农民增收致富结合起来。积极推动小杂粮等特色农产品基地建设，大力发展香包、刺绣、民间剪纸等民俗文化创意产业。大力发展红色旅游。启动实施会宁县城及北部乡镇供水工程，抓紧解决环县苦咸水地区农村饮水安全问题。

（二十六）加强扶贫开发工作。加大中央扶贫资金投入力度，扩大扶贫小额信贷规模，稳步推进易地扶贫搬迁和生态移民。研究探索创新对口支援方式，进一步加大定点扶贫、东西协作扶贫力度。

七　加快发展社会事业，着力保障和改善民生

（二十七）优先发展教育。巩固"两基"攻坚成果，全面完成"两基"攻坚任务。合理调整中小学校布局，加强寄宿制学校建设，实施中小学校舍安全工程。改善少数民族地区基础教育办学条件，推进民汉合校，加强"双语"教育。扩大中等职业教育规模，建设一批职业院校和公共实训基地，逐步对农村家庭经济困难学生和涉农专业学生免除学费。积极推进校企合作、半工半读的培养模式，支持与东部地区合作发展中等职业教育学校。增加部门院校和外地高校在甘肃的招生规模，支持甘肃高校改善办学条件。加大对教师队伍特别是农村教师队伍建设的支持，加强师资队伍培训，开展东中部省市教师对口支援。支持高校发挥科研和人才优势，参与重大产业项目科技攻关。

（二十八）完善城乡医疗卫生服务体系。推进医药卫生体制改革。重点建设农村卫生服务体系和城市社区卫生服务体系，加强地市级医院建设。支持中（藏）医院建设，扶持中（藏）医事业发展。完善城镇居民基本医疗保险制度、新型农村合作医疗制度和城乡医疗救助制度。加大大骨节病、高氟病等地方病防治力度。加大投入力度，做好鼠疫防控工作。支持妇幼保健机构设施建设，实行农村孕产妇住院分娩补助政策，降低孕产妇和婴幼儿死亡率。加强卫生专业技术人员和乡村医生培养培训工作。进一步完善农村计划生育家庭奖励扶助制度、"少生快富"工程和计划生育特别扶助制度，推进基层人口和计划生育服务网络建设，加快建立西北人口信息中心。

（二十九）大力发展文化体育事业。加大公共文化设施建设投入，建立基层公共文化体育服务经费保障机制。重点建设地市级图书馆、文化馆，加强省市级博物馆、文物大县和重点遗址博物馆建设。继续实施全国文化信息资源共享工程、广播电视西新工程、村村通工程和农村数字电影放映工程。将临夏州及张家川、肃南、肃北和阿克塞等自治县纳入西新工程。加强少数民族语言节目译制、制作播映和覆盖能力建设，改善市、县广播影视基础条件。支持丝绸之路整体申遗及沿线重要遗址保护，加大重点文物保护和少数民族文化遗产抢救力度。支持非物质文化遗产保护，加大对濒危非物质文化遗产的抢救力度。建立古籍保护工作机制，完善古籍保护设施条件。建设一批基层群众性体育活动场馆，大力开展全民健身活动，积极推进临洮体育训练基地建设。

（三十）加强就业和社会保障。开展城乡劳动力技能培训，落实针对就业困难人员的各项就业援助政策，帮扶零就业家庭人员实现就业。加强公共就业与社会保障服务信息网络建设、人力资源市场基础设施及社会保障服务中心建设。提高失业保险基金统筹层次。积极推进新型农村社会养老保险试点，落实被征地农民社会保障政策。积极发展多层次的养老服务，加快建设基本养老服务体系。完善社会救助和社会福利服务体系，确保低收入群体基本生活和基本医疗。加强社会福利机构和社区服务设施建设，强化养老和孤残儿童护理员队伍建设。大力推进残疾人社会保障和服务体系建设。加大城镇廉租住房、农村危房改造等保障性住房建设，合理确定补助范围和补助标准。支持推进国有林区、垦区及城镇棚户区改造。

八 大力推进能源基地建设，增强经济发展后劲

（三十一）加快陇东煤电化建设。加强煤炭资源勘探和开发利用，逐步建成一批大型煤炭矿区，高起点、高水平地建设国家大型煤炭生产基地。加大对陇东地区煤炭资源勘查的政策支持力度。延伸煤炭产业链，实施煤电联营，建设大型电站，先行启动建设崇信、平凉二期等一批条件具备的电厂项目，开展正宁、环县电厂前期论证工作。有序发展煤化工产业，规模化开发利用煤层气。推进庆阳长庆桥、平凉华亭和崆峒产业聚集区建设。

（三十二）大力发展河西新能源。加快建设以酒（泉）嘉（峪关）为中心的风电、以敦煌为重点的太阳能发电示范基地，力争到2020年建成千万千瓦级以上风电基地、百万千瓦级以上太阳能发电基地，配套建设稳定风电送出的电源项目。支持大型风电制造企业在酒泉建设风电装备生产基地，支持建设数字风机设备和太阳能光伏、光热产品研发制造基地。积极研究当地用电补贴政策。适时发展核电，实现风电、太阳能发电、核电互补。加快与我国核能发展相适应的核电配套工程建设，加大核电站乏燃料后处理技术的研究开发力度，稳妥推进大型商用核乏燃料后处理项目。加快太阳能光热光电技术、浅层地能热泵技术在建筑中应用。

（三十三）提升油气资源开发利用能力。加快陇东西峰、华池、镇原、环县以及玉门等油田勘探开发步伐。支持玉门老油田发展，提高经济开采年限。充分利用省内外两种资源，进一步提高石油加工转化能力、原油加工质量标准和附加值，建设战略性石化工业基地。加快实施兰州石化大型碳五综合利用、550万吨/年蒸馏装置技术改造和汽柴油质量升级，庆阳石化300万吨/年炼油集中搬迁改造等工程，力争到2020年甘肃炼油能力达到2000万吨以上。支持兰州180万立方米原油商业储备库和100万立方米原油生产运行库建设，建设300万立方米国家石油储备基地，打造西部大型石油、化工原料集散地，建成国家重要的石油储备基地。做好涩宁兰输气管道复线、兰州至郑州至长沙成品油管道、庆阳石化成品油外输管道等油气管道建设。

（三十四）加强电网建设。加快实施农网、城网改造工程和无电地区电力建设，完善省内330千伏电网。配合能源基地建设，加快主网架规划，拓展区外市场，形成西北电网中心枢纽。加强甘肃省内及省际750千伏网架建设，优先建设河西和陇东南750千伏输变电线路，实现与新疆联网。研究论证2020年外送能力和电力市场，完善风电和太阳能发电的外送方案。

九 大力发展特色优势产业，推进产业结构优化升级

（三十五）全面提升有色冶金产业。鼓励重点骨干企业加快发展，支持白银公司发展铜铅锌生产及加工，金川公司发展镍钴铜与贵金属精深加工，兰铝、连铝、华鹭铝业发展铝型材、铝合金等深加工，酒钢公司发展碳钢镀锌板、不锈钢薄板、中板等深加工，甘肃稀土公司发展稀土新材料及延伸产业链。在不扩大现有产能的前提下，支持钨、钼矿产品深加工，建设张掖钨钼生产基地。将金川公司和白银公司纳入煤电冶联营及大用户直购电政策范围。建设有色金属新材料产业和研发基地。

（三十六）做大做强装备制造业。积极实施技术创新工程，加快调整产品结构，重点发展数控和专用机床、集成电路、中高压电气、石油钻采炼化设备等优势产品，做大做强一批重点企业，形成以兰州石化通用设备、电机制造，天水电工电器、机床制造、电子信息为主的装备制造产业集群。

（三十七）支持老工业基地转型升级。加快重点行业、重点骨干企业的技术改造，支持资源枯竭城市改造传统产业，培育替代产业。积极承接产业转移，建设接续替代产业园区，支持白银公司等开展危机矿山找矿及区域内资源整合。启动实施白银棚户区改造工程。支持解决政策性关闭破产国有企业历史遗留的社会保障问题，积极推进厂办大集体改革试点，逐步增加企业离退休人员的养老金。

（三十八）大力发展循环经济。抓紧启动实施《甘肃省循环经济总体规划》，重点建设七大循环经济基地，努力形成循环经济产业集群。推进石化、有色、化工、建材等传统行业清洁生产，从源头控制污染和保护环境。推动企业向产业园区集中，实现集聚生产、集中治污、集约发展，提高能源、水资源和废弃物的循环利用率。支持和鼓励矿产资源开采加工企业提高采矿回收率、选矿回收率、共伴生矿综合利用率，加强冶炼渣、尾矿等大宗工业固体废弃物综合利用，提升节能降耗和资源综合利用水平。大力实施重点节能工程，通过技术减排、结构减排、管理减排等措施，确保实现节能减排目标。

（三十九）积极发展战略性新兴产业。在加快发展风能、太阳能等新能源的同时，积极发展新材料、生物医药、节能环保等新兴战略产业。推进新型有色金属合金材料、稀土材料、新型化工材料、电池材料等新材料产业化发展。加快发展生物制药，建设兰州生物医药产业基地。建设规范化中药材种植、中药饮片加工和特色中藏药生产基地，积极发展特色中成药和藏药，积极推进国家新药和中药保护品种产业化。支持重离子加速器治癌装置等医疗器械产业发展。发展节能环保装备制造业，推广高效节能产品，增强节能环保装备产业竞争力。

（四十）扶持壮大文化产业和旅游产业。加大对文化产业发展的扶持力度，支持敦煌艺术、麦积山石窟艺术等历史文化遗产的挖掘开发，做大做强以"丝路花雨"、"大梦敦煌"等为代表的歌舞、影视、戏剧、动漫文化品牌，培育《读者》等一批具有较强竞争力的大型文化企业集团。支持建设兰州创意文化产业园、庆阳农耕和民俗文化产业园、临夏民族文化产业园和丝绸之路文化产业带。加大旅游产业投入，加强旅游基础设施建设，完善景区内外交通条件和公共服务设施，重点支持丝绸之路、敦煌莫高窟、甘南香巴拉、黄河风情、麦积山、崆峒山、黄河石林等精品旅游线路和一批精品旅游景区建设，积极推进庆阳、会宁、腊子口、哈达铺等红色旅游基地建设，加快白龙江、小陇山、祁连山林区森林旅游发展。扩大旅游产业经营范围，扶持旅游产品开发。拓宽投融资渠道，积极吸收社会资本参与文化、旅游产业发展。

（四十一）加快发展现代服务业。积极推进兰州商贸物流中心、兰州集装箱节点站、天水现代物流园和武威煤炭集疏运中心等项目建设。大力推进县城超市及配送中心、乡镇超市、村连锁农家店等现代流通网络建设。建立完善农产品市场信息服务体系、物流配送体系及质量安全监管体系。培育和发展金融产业，积极引进金融机构，扶持城市商业银行、农村信用社等地方性金融机构发展。对农村金融机构执行较低的存款准备金率，对符合条件的金融机构，适当加大支农再贷款支持力度。建立健全政府投融资平台。支持有条件的企业发行股票和企业债券，创造条件发行中小企业集合债券。积极稳妥地发展期货市场。大力发展会展业，办好兰州投资贸易洽谈会。积极发展劳动密集型服务业，增加就业岗位。

十 深化体制改革，提高对内对外开放水平

（四十二）加快体制机制创新。大力推进国有企业改革，加强地方企业与中央企业的战略合作，培育具有国际竞争力的大型骨干企业。积极鼓励、支持和引导非公有制经济发展，加大对中小企业发展支持力度，鼓励民间资本参与基础设施、公用事业和社会事业等领域的建设。对从事国家重点扶持和鼓励发展产业项目的企业，按照税收法律法规的规定享受税收优惠政策。积极推进投资体制改革，降低民间资本市场准入门槛，简化项目审批程序，创造良好投资环境。深化行政管理体制改革，加快转变政府职能，加强政务公开。

（四十三）深化水资源管理体制改革。按照地表水、地下水"统一调度、定额管理、有偿使用、市场调节"的原则，逐步建立水权分配体系和配水、用水定额管理制度，支持建立水权转换制度，规范水权交易办法，不断完善水价形成机制。推进工业企业清洁生产和水资源循环利用，鼓励再生水利用，落实水资源费征收使用管理办法。推进城乡水务一体化，统筹水务综合管理，创新基层水利工程管理机制。发挥农民用水协会作用，明晰小型水利工程的产权，调动农民和社会力量参与水利建设和设施管护的积极性。

（四十四）完善土地和矿产资源政策。坚持保护耕地和节约、集约用地，推进土地整治。鼓励对沙地、荒山、荒滩、戈壁等未利用土地开发利用。加快各级土地利用总体规划修编工作，合理确定兰州新区建设用地规模和布局。加大中央地质勘查基金、国土资源大调查资金对甘肃的投入力度。做好陇东地区、中部地区和河西地区能源基地后备资源勘查工作，优先开展陇东、玉门油气资源勘查。

（四十五）加大人才开发力度。坚持人才强省和科技兴省的路线，加大对特色农业、新农村建设、中小企业引智项目的支持力度，积极引进科技、教育、卫生等行业紧缺人才，加大技能人才培养。鼓励发达省（市）高等院校、科研院所、大型企业等单位及社会组织通过合作办学等方式，为甘肃经济社会发展培养培训各类专业技术人才。扶持发展远程教育，大力发展继续教育，建立连通市（州）和县（区）的继续教育培训网络。积极吸引海外高层次留学人才，加强留学人员创业园建设。

（四十六）积极扩大对内对外开放。支持兰州高新技术开发区、经济技术开发区增容扩区，研究推进天水、金昌、酒（泉）嘉（峪关）、张掖经济技术开发区和白银高新技术产业开发区升级为国家级开发区。深化区域协作，全面推进向西开放，积极发展内陆开放型经济，支持兰州等城市作为加工贸易梯度转移重点承接地区，大力发展保税加工和保税物流，支持在甘肃符合条件的地区设立海关特殊监管区域，提升甘肃的对外开放水平。积极推动实施"走出去"战略，支持企业到境外投资办厂，参股、并购境外矿产企业，建立生产加工基地或稳定的原料供应基地。

国务院各有关部门要按照职能分工，明确目标任务，研究支持甘肃经济社会发展的具体措施，指导甘肃进一步破解发展难题。中央财政要加大对甘肃的均衡性转移支付和民族地区转移支付力度。有关部门要把实施相关政策措施列入重要议事日程，抓紧制订细化工作方案，指导甘肃编制相关重要规划，深化重大项目的前期工作。甘肃省要继续发扬自力更生、艰苦奋斗的精神，切实加强组织领导，完善工作机制，明确工作责任，制订实施方案，加强与国务院有关部门的沟通衔接。要抓住机遇，解放思想，坚定信心，开拓创新，求真务实，扎实工作，努力开创甘肃经济社会发展的新局面。

国务院办公厅

二〇一〇年五月二日

西部经济社会跨越式
发展调查问卷及图片

甘肃经济社会跨越式发展问卷调查（2013 全国卷）

基本信息

性别：1. 男　　　　　2. 女

您的年龄：1. 18—29 岁　　2. 30—39 岁　　3. 40—49 岁
　　　　　4. 50—59 岁　　5. 60—69 岁

您的籍贯：　　　　　省　　　　市（县）

您的户籍：1. 农业户口　　2. 非农业户口

您目前的职业（或身份）：

1. 各级各类管理人员（包括国家机关、党群组织负责人/企业事业单位负责人/办事人员）
2. 专业技术人员
3. 农林牧渔水利业生产人员
4. 生产工人、运输设备操作及有关人员
5. 商业及服务人员
6. 学生及待升学人员
7. 离退休人员
8. 家务劳动者、失业人员及下岗人员

您的文化教育程度：

1. 小学及以下　　2. 初中　　　　3. 高中/中专
4. 大专　　　　　5. 本科学历　　6. 研究生学历

选择题（画钩，可多选）

1. 您认为甘肃省最具特色的优势农产品是：
　　A. 玉米　　　B. 水稻　　　C. 马铃薯　　　D. 高粱
2. 您认为甘肃省发展的产业结构优势是：
　　A. 劳动密集型　　　　　B. 资源密集型
　　C. 技术密集型　　　　　D. 资本密集型

3. 您对"跨越式发展"的概念是否了解？
   A. 很了解   B. 大致了解
   C. 不大了解   D. 不知道
4. 您认为"西部大开发战略"对西部实现跨越式发展起到什么作用？
   A. 巨大作用   B. 重大作用
   C. 很大作用   D. 一般作用
5. 您认为西部大开发战略对西部有哪些优惠政策？
   A. 税收政策   B. 市场准入政策
   C. 土地政策   D. 生二胎政策
6. 您认为西部地区政府部门为改善用人机制创造良好环境了吗？
   A. 做到了   B. 一般
   C. 正在做   D. 没有做到
7. 您认为西部政府推进跨越式发展把工作着力点放在培养务实作风、优化经济结构和解放思想、深化改革上没有：
   A. 做得很好   B. 做得一般
   C. 正在做   D. 没有
8. 您认为西部建设环境友好型做得怎么样？
   A. 做到了   B. 一般
   C. 正在做   D. 没有做到
9. 您认为西部经济社会发展的"瓶颈"是：
   A. 优秀人才缺失   B. 经济结构单一
   C. 发展方式粗放   D. 城乡区域发展不平衡
10. 您认为西部地区民营经济的发展状态是：
    A. 发展较好   B. 发展一般，仍需完善
    C. 发展不好   D. 不清楚
11. 国务院出台《进一步支持甘肃经济社会发展的若干意见》中，共推出多少条支持甘肃破解难题加快发展的措施？
    A. 50   B. 20
    C. 47   D. 37
12. 您认为甘肃省"跨越式发展"目标能否实现？
    A. 可能性极大（大于80%）
    B. 有可能（70%—80%）

C. 可能（60%—70%）

D. 可能性较低（小于50%）

13. 您认为在人均GDP平均增速指标上，全国平均速度是甘肃省的多少倍（2006—2011年）？

    A. 1.25倍　　　　　　　　B. 1.5倍

    C. 2倍　　　　　　　　　D. 3倍

14. 您认为近两年西部地区GDP年增长速度是否已经超过中东部地区？

    A. 超过东部　　　　　　　B. 向东部看齐

    C. 没有超过　　　　　　　D. 不知道

15. 西部有哪些经济社会跨越式发展典型模式？

    A. 金山模式　　　　　　　B. 康乐模式

    C. 白银模式　　　　　　　D. 不知道

    E. 其他

主观题（简答即可）

16. 实现"甘肃省跨越式发展"亟须解决的问题在于：

17. 东、中部经济发展模式是否可以移植到西部，并简要给出原因。

甘肃经济社会跨越式发展调查问卷（2013 甘肃卷）

基本信息

性别：1. 男　　　　　　　2. 女

您的年龄：1. 18—29 岁　　　　2. 30—39 岁
　　　　　3. 40—49 岁　　　　4. 50—59 岁　　　　5. 60—69 岁

您的籍贯：　　　　　市（县）

您的户籍：1. 农业户口　　　　2. 非农业户口

您目前的职业（或身份）：

1. 各级各类管理人员（包括国家机关、党群组织负责人/企业事业单位负责人/办事人员）
2. 专业技术人员
3. 农林牧渔水利业生产人员
4. 生产工人、运输设备操作及有关人员
5. 商业及服务人员
6. 学生及待升学人员
7. 离退休人员
8. 家务劳动者、失业人员及下岗人员

您的文化教育程度：

1. 小学及以下　　　　2. 初中　　　　3. 高中/中专
4. 大专　　　　　　　5. 本科学历　　6. 研究生学历

选择题（画钩，可多选）

1. 您对"跨越式"发展的概念是否了解？
   A. 很了解　　　　　　　B. 大致了解
   C. 不大了解　　　　　　D. 不知道

2. 您认为"跨越式发展"的内涵主要体现在哪几个方面？
   A. 后发优势　　　　　　B. 制度创新
   C. 技术创新　　　　　　D. 超常规发展
   E. 不平衡发展

3. 您认为西部大开发战略对西部有哪些优惠政策？
   A. 税收政策　　　　　　B. 市场准入政策
   C. 土地政策　　　　　　D. 生二胎政策

4. 您所在的单位领导对实现跨越式发展的思想认识怎么样？
   A. 高度一致   B. 认识深刻
   C. 认识一般   D. 没有认识
5. 您认为西部地区政府为改善用人机制创造良好环境了吗？
   A. 做到了   B. 一般
   C. 正在做   D. 没有做到
6. 您认为西部政府推进跨越式发展把工作着力点放在培养务实作风、优化经济结构和解放思想、深化改革上没有？
   A. 做得很好   B. 做得一般
   C. 正在做   D. 没有
7. 您认为西部建设环境友好型社会做得怎么样：
   A. 做到了   B. 一般
   C. 正在做   D. 没有做到
8. 您认为甘肃实施跨越式发展开始于_____年一直到_____年止：
   A. 2011 年开始   B. 止于 2050 年
   C. 2008 年开始   D. 止于 2020 年
9. 您认为甘肃省的区域发展战略为：
   A. 中心带动   B. 两翼齐飞
   C. 组团发展   D. 整体推进
10. 您认为推进区域经济发展战略目标与全国第三步战略对接应以_____为根本出发点。
    A. 经济发展速度及规模   B. 提高人民生活质量
    C. 保护自然生态环境   D. 社会团结与稳定
11. 您认为实施西部经济社会跨越式发展的核心目的是：
    A. 区域经济优势互补   B. 主体功能定位清晰
    C. 国土空间高效利用   D. 人与自然和谐相处
12. 国务院出台《进一步支持甘肃经济社会发展的若干意见》中，共推出多少条支持甘肃破解难题加快发展的措施？
    A. 50   B. 20   C. 47   D. 37
13. 您认为近两年西部地区 GDP 年增长速度是否已经超过中东部地区？
    A. 超过东部   B. 向东部看齐
    C. 没有超过   D. 不知道

14. 您认为西部能实现经济社会跨越式发展吗？
    A. 肯定能   B. 应该能
    C. 不可能   D. 不知道

15. 您知道西部有哪些经济社会跨越式发展的典型模式？
    A. 金山模式   B. 康乐模式
    C. 白银模式   D. 不知道
    E. 其他

主观题（简答即可）

16. 实现"甘肃省跨越式发展"遇到的最大障碍是什么？

17. "甘肃省跨越式发展"最终实现效果为何种状态。

甘肃经济社会跨越式发展调查问卷答题纸

性别	年龄	籍贯	户籍	职业	教育

题序	A	B	C	D	E
1					
2					
3					
4					
5					
6					
7					
8					
9					
10					
11					
12					
13					
14					
15					

性别	年龄	籍贯	户籍	职业	教育

题序	A	B	C	D	E
1					
2					
3					
4					
5					
6					
7					
8					
9					
10					
11					
12					
13					
14					
15					

性别	年龄	籍贯	户籍	职业	教育
题序	A	B	C	D	E
1					
2					
3					
4					
5					
6					
7					
8					
9					
10					
11					
12					
13					
14					
15					

参考文献

[1]《光明日报》2009年5月14日第9版。

[2]《国务院办公厅关于进一步支持甘肃经济社会发展的若干意见》, 2010年5月。

[3]《西部大开发"十二五"规划》, 国家发展和改革委员会、国务院西部地区开发领导小组办公室, 2006年2月。

[4]《中国互联网络发展状况统计报告》, 中国互联网络信息中心, 2013年1月。

[5] Acemoglu Daron and Joshua Angrist, 2000, How Large are Human Capital Externalities? Evidence from Compulsory Schooling Laws [J]. *NBER Macro Annual*, 15, 9 – 59.

[6] Colin M. A. Clark, 1940, *The Conditions of Economics Progress* [M]. London: Macmillan & Co. Ltd.

[7] Griliches, Z., 1964, Research Expenditures, Education, and the Aggregate Production Function [J]. *American Economic Review*, 54 (6), 961 – 974.

[8] Krugman, P., 1994, The Myth of Asia's Miracle [J]. *Foreign Affairs*, 73 (6), 62 – 78.

[9] Lucas, R. E., 1988, On the Mechanics of Economic Development [J]. *Journal of Monetary Economics*, (22), 3 – 42.

[10] Romer, P. M., 1990, Endogenous Technological Change [J]. *Journal of Political Economy*, 98 (2), 71 – 102.

[11] Rauch James, 1993, Productivity Gains from Geographic of Human Capital: Evidence from the Cities [J]. *Journal of Urban Economics*, 34, 380 – 400.

[12] Solow, R. M., 1957, Technical Change and Aggregate Production

Function [J]. *American Economic Review*, 39 (3), 312 – 320.

[13] W. W. 罗斯托:《经济增长的阶段》,中国社会科学出版社 2001 年版。

[14] 阿不都热扎克·铁木尔:《实现新疆跨越式发展的几点思考》,《新疆社会科学》2011 年第 3 期。

[15] 艾伯特·赫希曼:《经济发展战略》,经济科学出版社 1991 年版。

[16] 艾德荣:《职权结构、产权和经济停滞:中国的案例》,《经济学(季刊)》2005 年第 4 期。

[17] 蔡昉:《中国经济增长如何转向全要素生产率驱动型》,《中国社会科学》2013 年第 1 期。

[18] 蔡云:《比较优势、竞争优势与西部地区产业结构调整》,《区域经济》2010 年第 14 期。

[19] 曹波、刘思峰、方志耕、谢乃明:《灰色组合预测模型及其应用》,《中国管理科学》2009 年第 5 期。

[20] 陈昭锋:《基于跨越式发展的西藏科技进步战略选择的原则》,《科技管理研究》2009 年第 12 期。

[21] 陈志良:《生产力跨越式发展及其当代特点》,《中国人民大学学报》2002 年第 2 期。

[22] 程印学:《论西部跨越式发展与新型工业化道路的选择》,《江西社会科学》2004 年第 4 期。

[23] 邓光奇:《生产力跨越式发展理论综述》,《学术探索》2003 年第 12 期。

[24] 邓聚龙:《灰色控制系统》,科学出版社 1993 年版。

[25] 邓翔、李建平:《中国地区经济增长的动力分析》,《管理世界》2004 年第 11 期。

[26] 樊纲:《发展的道理》,上海三联书店 2004 年版。

[27] 郭庆旺、贾俊雪:《中国全要素生产率的估算:1979—2004》,《经济研究》2005 年第 6 期。

[28] 胡鞍钢:《西部开发新战略》,中国计划出版社 2001 年版。

[29] 胡婷:《比较优势理论文献评述》,《现代经济》2008 年第 1 期。

[30] 贾韬:《对党的十七大报告中提出"转变经济发展方式"的思考》,《甘肃农业》2008 年第 2 期。

[31] 李富强、董直庆、王林辉:《制度主导、要素贡献和我国经济增长动力的分类检验》,《经济研究》2008年第4期。
[32] 李红锦:《深圳经济特区的实践及其启示》,《纪念中国经济特区建立30周年学术研讨会论文集》2010年7月。
[33] 李京文、郑友敬、杨树庄、龚飞鸿:《中国经济增长分析》,《中国社会科学》1992年第1期。
[34] 李强、王孔雀:《进入新世纪以来生产力跨越发展的研究概况》,《江苏省社会主义学院学报》2006年第2期。
[35] 李玉虎:《经济发展与我国区域税收优惠政策比较分析》,《现代经济探讨》2012年第8期。
[36] 李英勤:《西部地区实现跨越式发展的制约因素及其对策——以贵州省为例》,《学术论坛》2006年第6期。
[37] 李再勇:《西部人如何面对新经济时代的挑战》,《理论前沿》2002年第14期。
[38] 梁珊:《对新型工业化道路的思考》,《理论探索》2004年第1期。
[39] 刘宏周:《甘肃城镇化存在问题及解决路径》,《学术纵横》2011年第11期。
[40] 刘明:《中国经济增长影响因素的变迁:2004—2011》,《工业技术经济》2013年第11期。
[41] 刘瑞翔、安同良:《中国经济增长的动力来源与转换展望——基于最终需求角度的分析》,《经济研究》2011年第7期。
[42] 刘伟、李绍荣:《产业结构与经济增长》,《中国工业经济》2002年第5期。
[43] 刘雪颖:《区域经济跨越式发展的机理研究——以重庆市长寿区为实证基础》,《重庆大学学报》2009年第15卷第6期。
[44] 陆德明、王必达:《我国西部地区发挥"后发优势"的困境与对策分析》,《经济地理》2002年第5期。
[45] 邱晓华、郑京平、万东华、冯春平、巴威、严于龙:《中国经济增长动力及前景分析》,《经济研究》2006年第5期。
[46] 谭崇台:《发展经济学的新发展》,武汉大学出版社1999年版。
[47] 谭雪瑞、邓聚龙:《灰色关联分析:多因素统计分析新方法》,《统计研究》1995年第3期。

[48] 王德侠、刘昆福:《战后日本跨越式发展的经验及借鉴》,《经济师》2007年第6期。

[49] 王洁:《后发优势与后发劣势——新世纪西部地区经济发展战略分析》,《长春师范学院学报》(自然科学版)2006年第4期。

[50] 王骏:《关于重庆内陆开放型经济高地建设的两个架构》,《探索》2009年第6期。

[51] 王甜甜:《基于主成分分析的我国各地区经济发展水平综合评价》,《金融经济(下半月)》2011年第11期。

[52] 王小鲁、樊纲、刘鹏:《中国经济增长方式转换和增长可持续性》,《经济研究》2009年第1期。

[53] 文魁:《转变经济发展方式的理论思考》,《首都经济贸易大学学报》2009年第1期。

[54] 魏后凯:《产业转移的发展趋势及其对竞争力的影响》,《福建论坛》(经济社会版)2003年第4期。

[55] 韦正业、卢兆龙:《论"鄂尔多斯模式"对百色探索科学发展之路的启示》,《创新》2009年第9期。

[56] 吴海鹰:《宁夏跨越式发展模式研究》,《宁夏社会科学》2007年第11期。

[57] 吴敬琏:《中国经济增长模式抉择》,上海远东出版社2006年版。

[58] 熊贤良:《比较优势战略与大国的经济发展》,《南开经济研究》1995年第3期。

[59] 颜鹏飞、王兵:《技术效率、技术进步与生产率增长:基于DEA的实证分析》,《经济研究》2004年第12期。

[60] 杨作廪:《西部大开发中的小城镇建设》,《四川省情》2002年第6期。

[61] 姚福:《四川省R&D经费投入分析研究》,《科技创业月刊》2013年第2期。

[62] 易纲、樊纲、李岩:《关于中国经济增长与全要素生产率的理论思考》,《经济研究》2003年第8期。

[63] 岳书敬、刘朝明:《人力资本与区域全要素生产率分析》,《经济研究》2006年第4期。

[64] 曾德高:《知识经济与中国西部跨越式发展》,《重庆邮电学院学

报》2005 年第 3 期。

[65] 赵志耘:《创新驱动发展:从需求端走向供给端》,《中国软科学》2014 年第 8 期。

[66] 赵志耘、杨朝峰:《中国全要素生产率的测算与解释:1979—2009》,《财经问题研究》2011 年第 9 期。

[67] 张雷声:《马克思主义不发达经济学论纲》,《信阳师范学院学报》2000 年第 1 期。

[68] 张仁枫、王莹莹:《承接产业转移视角的区域协同创新机理分析——兼论欠发达地区跨越式发展的路径创新》,《科技进步与对策》2013 年第 7 期。

[69] 朱明熙:《西部大开发能实现"跨越式发展"吗?》,《财经科学》2004 年第 3 期。

[70] 祖现馥:《论经济增长的动力机制》,《财经问题研究》1990 年第 12 期。